기독교인이
왜
병에 걸리는가?

초판 1쇄 발행 | 2000년 11월 25일
개정판 1쇄 | 2015년 10월 31일

지은이 | 조지 맬크머스
옮긴이 | 최 재 경
펴낸이 | 채 주 희
펴낸곳 | 엘맨출판사

등 록 | 제10-1562호(1985. 10. 29)
주 소 | 서울시 마포구 신수동 448-6
전 화 | (02) 323-4060
팩 스 | (02) 323-6416
이메일 | elman1985@hanmail.net
홈페이지 | www.elman.kr

값 12,800원

※잘못된 책은 바꾸어 드립니다.

기독교인이
왜
병에 걸리는가?

조지 맬크머스 목사 지음

최재경 옮김

좋은 책으로 하나님의 사람을 만들어 가는 **엘 맨**

WHY CHRISTIANS
GET SICK

by

REV. GEORGE H. MALKMUS

"주의 도를 땅 위에 주의 구원을 만방 중에 알리소서"(시 67:2).

"… 내가 너를 치료하여 네 상처를 낫게 하리라"(렘 30:17).

"내 영혼아 여호와를 송축하라 내 속에 있는 것들아
다 그 성호를 송축하라
내 영혼아 여호와를 송축하며 그 모든 은택을 잊지 말지어다
저가 네 모든 죄악을 사하시며 네 모든 병을 고치시며
네 생명을 파멸에서 구속하시고 인자와 긍휼로 관을 씌우시며
좋은 것으로 네 소원을 만족케 하사
네 청춘으로 독수리같이 새롭게 하시는도다"

(시 103:1-5)

• 감사의 글 •

　이 책은 내 주위에 있는 여러 사람들의 도움으로 이루어졌습니
다. 이들의 제안, 정보수집, 교정 그리고 격려가 아니었으면 오늘
의 발간은 불가능했을 것입니다. 마이클 어스린, 잭과 캐롤바버,
캐롤린 콕스, 로버트와 주디트 카발로, 폴 도 목사님, 글랜 해밀톤
목사님과 사모님, 빌과 헬렌 루스, 쟈넷 맬크머스, 마지 포터필드,
데이빗 E. 스트롱 목사님, 그리고 프랭크 커닝햄과 동테네시 주에
거주하시는 분들로서 나를 도와준 분들에게 깊은 감사를 드립니
다. 더불어 아름다운 책 표지를 디자인한 웨인 알렌에게도 감사드
립니다.

미국의 고속도로에서는 해마다 약 25,000명이나 되는 사람들이
알코올 때문에 생명을 잃습니다. 그로 인해서 사랑하는 자식들을
잃어버린 어머니들이 모여 MADD, 즉 "Mothers Against Drunk
Drivers"(음주 운전자 반대 어머니협회)라는 단체를 만들어 미국인들에
게 음주운전의 위험성을 계몽하고 나섰습니다.

참으로 알코올은 미국인들에게 죽음을 부르는 재앙거리임에 틀
림이 없습니다. 그래서 나는 알코올이 불러오는 참상을 폭로하는
사람들이나 알코올에 관련된 사망과 부상을 줄이기 위하여 노력하
는 사람들 모두에게 격려의 박수를 보냅니다.

그런데 이런 알코올보다 더 엄청난 죽음을 부르는 재앙거리가
미국에 있습니다. 그것은 해마다 수백만 명의 미국인들의 생명을
빼앗아 갑니다. 그리고 그 중 절반 이상이 기독교인입니다. 그런데
도 그것에 대하여 목소리를 내는 사람은 아직껏 아무도 없는 것 같
습니다. 죽지 않아도 될 생명들이 수백만 명씩이나 죽어가는데도,

그들 중 많은 수가 그들의 인생의 황금기에 억울한 죽음을 맞는데도, 그것을 방지하기 위하여 조직적으로 대응하려는 시도가 아직 없는 것 같습니다. 해마다 심장질환으로 죽음을 맞는 미국인들이 백만 명이 넘습니다. 그리고 오십만이 넘는 사람들이 또 암으로 죽어가고 있습니다. 이들중 대부분은 정말 죽지 않아도 될 사람들입니다. 그런데 왜, 이렇게 헛되이 사라져 가는 생명적 손실에 대해서는 목소리를 높이는 사람들이 없을까요? 왜 이런 대참극을 들추어내는 노력은 없는 것일까요?

여기에 대한 대답은 분명합니다. 대부분의 사람들이 우리가 그런 무서운 병에 걸리지 않아도 되고, 또 얼마든지 그런 병을 피할 수도 있다는 것을 알지 못하고 있기 때문입니다. 그렇습니다. 심장질환, 암, 뇌졸중, 당뇨병, 기타 이런 질병은 모두 미리 막을 수 있는 병들입니다. 만약 기독교인들이 성경으로 돌아가서 하나님께서 이미 수천 년 전에 인간에게 선물로 세워 주신 자연법칙을 준수만 한다면 죽지 않아도 될 사람들이 그렇게 죽어 가는 것을 막을 수 있을 것입니다.

이 책은 기독교인이 왜 병에 걸리는가 하는 원인을 먼저 알아보고, 성경 말씀 속에서 그것에 대한 해답을 찾아 보고자 쓰여졌습니다. 이 책은 어떻게 하면 기독교인들이 질병을 피할 수 있으며 보다 건강을 누리고 살 수 있는가 하는 그 비결을 소개할 것입니다.

음주 운전자 반대 어머니협회(MADD)가 알코올로 잃어버리는 생명적 손실에 대해 세상에 알리기 위하여 힘을 모아 결성되었듯이 우리 기독교인들도 분발하고 힘을 합하여 해마다 수백만의 무고한 생명을 빼앗아가는 심장병, 암, 중풍, 당뇨병 등 질병을 퇴치하기 위하여 힘을 합쳐야겠습니다.

이 책에 들어 있는 지식을 잘 깨달아 알게 되면 생명이 헛되이 소모되어 가는 것을 막을 수 있으리라 믿습니다. 이런 죽음을 부르는 재앙거리를 없애기 위하여 우리 수많은 기독 용사들을 하나님께서 높이 들어 써 주실 것을 간절히 원합니다. 이 책은 독자들에게 문제의 시작이 무엇인지를 이해할 수 있도록 도와 드리고 그 해결 방안까지도 제시할 것입니다.

하나님, 이 책을 읽는 이들을 축복하여 주시옵소서. 눈을 뜨게 하여 주시옵시고 그들의 마음에 빛을 밝혀 주시옵소서. 그리고 읽는 동안 그들이 쉽게 이해하도록 도와 주시옵소서. 그리하여 얻은 지식으로, 주신 사랑으로, 또 하나님의 능력으로 우리가 하나되어 앞으로 나아가게 하셔서, 기독교인이 왜 병에 걸리는지를 우리의 이웃에게 이해시킬 수 있도록 도와 주시옵소서. 어떻게 하면 질병에 걸리지 않고 보다 나은 건강을 누릴 수 있을지 증거할 수 있도록 도와 주시옵소서.

제가 쓴 책 「기독교인이 왜 병에 걸리는가」의 한국어 번역판에 이 글을 쓰게 되어 매우 기쁘게 생각합니다. 또 이런 기회를 베풀어 주신 엘맨출판사에 감사를 드립니다.

한국보건사회문제연구소(Korea Institute of Health and Social Affairs, KIHSA)에서 나온 자료를 보고 한국의 국민건강관리문제가 그 미래를 결정할 다음과 같은 중요한 물음에 신속히 그 답을 준비하지 않으면 안되는 상황에 처해 있다는 것을 알았습니다. 즉, "한 해에 미국인들에게 수천 억 달러를 지출하게 하는 '의사가 바로 신'인 형태의 의료제도를 한국도 답습할 것인가? 아니면 한국 국민들이 성경말씀으로 돌아가서 하나님의 법칙을 따름으로써 스스로 자신들의 생명을 떠맡고, 자신들의 건강을 그리고 미래를 스스로 책임질 것인가?" 하는 것입니다.

물론 이 질문은 세계 어느 나라 사람들에게나 모두 의미있는 것이기는 하겠지만 돈독한 가족관계를 중요시하는 한국인 여러분들에게는 특별히 중요한 질문이 아닐까 싶습니다. 제가 알기로 한국에서는 노년의 어른들을 가족들이 모시고 삽니다. 그래서 특별히 여러분들에게 권면하는 것입니다!

최근 한국보건사회문제연구소(KIHSA)에서 나온 보고서를 보면, 연로하신 어머님이나 아버님들이 육체적인 질병과 노인성 치매로서 고통을 당하시는 숫자가 늘고 있고, 또 이에 따라서 이들을 보살펴드려야 하는 가족들의 짐도 갈수록 더욱 무거워지고 있는 것 같습니다. 그런데 여러분, 일이 꼭 이렇게 되지 않아도 됩니다! 우리가 하나님의 법대로 우리 몸에 음식을 공급하고 돌본다면, 귀하신 우리 부모님들이 활기가 넘치는 건강과 에너지를 가지고 여생을 보내실 수가 있습니다. 총총한 마음과 기억력을 가지고 자녀들, 손자 손녀와 증손들까지 보시고 그들과 사랑을 나누며 편안히 여생을 즐기실 수가 있습니다.

같은 연구소에서 발표한 보고에 의하여 알 수 있었던 또 하나의 걱정되는 현상은 "급속한 경제성장, 의술의 발달, 그리고 영양의 개선이 청소년들의 육체적 성장과 발달을 촉진시켰다"라는 것입니다. 이 보고가 청소년기의 성장과 육체적 발달의 촉진을 "진보"라고 표현하고 있는 것은 참으로 흥미로운 대목입니다. 왜냐하면 육체적인 성장과 발달의 촉진은 흔히 청소년들이 호르몬이 가득 들어 있는 육류를 먹거나 설탕이 많이 든 청량음료를 마시는 데서 비롯되기 때문입니다.

글쎄요. 패스트 푸드 식당(빠른 시간 안에 대접할 수 있도록 미리 조리되었거나 즉석에서 데우기만 하면 되는 음식을 파는 식당)과 정크 푸드(바른 영양 없이 인공 첨가물로 맛과 빛깔만 좋게 만든 음식)를 진보라고 부를 수 있을지 모르겠습니다. 저는 그것을 살인이라고 부르고 있습니다. 이런 엉터리 음식, 맛만 그럴듯한 상품들이 우리 청소년들의 건강을 서서히 파괴하고 있습니다. 여러분, 이런 상품들을 소비하는 미국인들을 흉내내지 마시기 바랍니다. 이런 상품들은 우리 형제들의 건강을 파괴하고 우리 형제들을 수명보다 십 년, 이십 년을 빨리 죽게 하고 있습니다.

불의의 사고, 자살 그리고 암이 한국의 젊은이들의 주요 사망원인인 것을 알고 계셨습니까? 그것은 사실입니다. KIHSA 보고서에 의하면 이것들은 음주나 흡연과 같은 위험한 습관의 만연과 관련이 있다는 것입니다. 이 보고서를 작성한 연구원은 이런 위험스런 습성을 대체할 만한 범 국가적인 대안 제시가 필요하다고 쓰고 있습니다. 그는 세 가지 전략을 제시하고 있는데 그것은 예방 차원의 교육, 지역에 따른 특별한 건강 지도, 건전한 청소년 활동 환경 조성 등입니다.

나는 원칙적으로 그분의 의견에 찬성합니다. 그러나 그 교육은 인간의 육체에 대한 하나님의 법칙을 토대로 해야 됩니다. 교육은 집에서 해야 되며, 부모들이 건강하게 살고 행복하게 사는 법을 아이들에게 가르쳐 주어야 합니다. 생활방식과 식생활 방식에 대하여 주님께서 우리에게 성경을 통하여 예비해 주신 간단한 원칙들을 따름으로써 그것이 가능하다는 것을 아이들에게 가르쳐 주어야 할 것입니다. 세상의 방법을 따르지 말고 하나님의 방법을 따르도록 우리 자녀들에게 가르쳐야 할 것입니다.

저는 한국이 남성 흡연율에서 기록을 보유하고 있다는 것을 알고 가슴이 아팠습니다. KHISA의 또다른 보고서는 미성년자들의 금연 정책의 고수를 권장하고 있었습니다. 여기에 원칙적으로 나도 동감입니다. 그러나 나는 역시 아이들이 아예 처음부터 담배나 술을 배우지 말았어야 한다고 생각합니다. 만약 부모들이 하나님의 법칙에 따른 생활방식과 식생활 방식에 순종하였더라면 담배나 술이 왜 그렇게 건강에 나쁜지를 아이들에게 가르쳤을 것입니다.

우리는 담배나 술에서 오는 질병들, 기름기 많은 음식과 설탕이 듬뿍 담긴 제품들을 소비함으로써 갖게 되는 질병들을 미리 피할 수 있습니다. 담배를 끊기만 하면 되니까요! 술을 마시지 않기만 하면 되니까요! 이런 기름기 많은 음식과 설탕이 듬뿍 담긴 제품들의 소비를 중지하기만 하면 되니까요!

하나님은 물론 우리에게 선택의 자유를 허락하셨지만 하나님의 말씀인 성경은 또 우리에게 어떻게 선택할 것인가를 또한 가르쳐 주고 있습니다. 하나님이 성경에 마련해 놓으신 건강에 이르는 법칙들을 우리는 그저 따르기만 하면 됩니다. 건강하고 행복한 생활의 비결은 바로 그렇게 간단한 것입니다.

KIHSA 보고서를 읽고 안 사실로서 또 하나 깜짝 놀랄 만큼 미국과 흡사한 것은 한국에서 제왕절개 출산율이 현저하게 증가했다는 것입니다(1986년에는 9.6%이던 것이 1993년에는 28%로 증가하였음). 보고서의 저자는 이런 증가세는 건강보험제도에 기인한다고 보고 이런 경향을 중지시킬 몇 가지 조치들을 제시하고 있습니다.

글쎄요, 나는 "하나님의 법칙대로 사십시오."라고 제시하고 싶습니다.

엄마들이 바른 식사를 하고 적당한 운동을 하며 하나님의 방식에 따른 생활을 한다면 대부분의 엄마들이 고통 없는 출산을 할 수 있고 비싼 병원비를 절약할 수도 있으며 수술에 대한 공포 없이 아이들을 출산할 수 있습니다.

형제자매 여러분, 미국에서는 지금 건강에 관한 혁명이 시작되었습니다. 할렐루야 식이요법을 따름으로써, 즉 생즙을 내어 마시고 발리그린을 먹음으로써 운동을 열심히 하고 하나님의 법칙에 순종하는 삶을 살아감으로써, 수천의 미국인들이, 젊은이들이 그리고 어린이들이 스스로 치유되고 있습니다. 내 사무실에는 날마다 이런 놀라운 치유에 대한 간증들이 쏟아져 들어오고 있습니다.

이런 간증들을 읽으면 내 마음은 조급해집니다. 왜냐하면 이렇게 하나님의 법칙에 따라 살기 시작하는 미국인들에 비하여 현대 문명적인 생활방식을 고수하고 세상의 방법(잘못된 방법)대로 계속 살아가는 사람들이 수천 배 아니 수만 배가 되기 때문입니다.

여러분, 하나님의 방식대로 살기, 성경대로 살기에 나와 함께 동참하시지 않으시겠습니까? 우리가 완벽에 가까운 건강을 누려보고 싶으면, 우리가 우리의 주님 되시고 구주가 되시는 예수 그리스도를 온 힘을 다하여 섬길 수 있게 되려면 하나님의 법칙에 따라 사는 길뿐이라는 것을 내가 다른 사람들과 나눌 수 있도록 도와주시기 바랍니다. "병 없이 살 수 있다"는 메시지를 여러분의 친구들과 사랑하는 사람들에게 전할 수 있도록 나를 도와주지 않으시겠습니까?

만약 이 작은 책을 읽는 사람이 하나님의 방식대로 스스로 몸을 돌보기 시작한다면, 또한 그가 경험한 대로 다른 사람을 도와준다면 언젠가 기도회 모임에서 병 치유를 간구함이 주된 기도 제목 목록에서 사라지는 때가 올 것입니다. 교회에 다니는 사람들이 병을 모르고 살게 되면 세상에 얼마나 좋은 간증이 되겠습니까? 세상 사람들이 자기들은 질병이 많은데 왜 교회에 나가는 우리들은 건강한가 궁금하여 그것을 알아보려고 교회로 몰려오지 않겠습니까? 그러면 그들에게 건강에 관한 메시지뿐만 아니라 복음에 관한 메시지도 같이 전할 수 있을 것입니다.

마지막으로 하나님의 천연법칙대로 90일을 실천해 보시도록 여러분에게 권면합니다. 그렇게 해보시면, 이 세상의 허약하고 빈곤한 것들을 다시는 먹지 않게 될 것입니다. 미국에서는 수만 명이 나의 도전을 받아들였습니다. 한국의 여러분들도 그렇게 되시도록 나는 기도합니다.

내 책을 읽어 주셔서 그리고 내 메시지를 경청해 주셔서 감사합니다.

할렐루야 에이커스에서
조지 에이치 맬크머스 목사

> ※ 추신 : 영어를 읽으실 수 있고 컴퓨터를 쓰시는 분은 할렐루야 에이커의의 웹 사이트 http://hacres.com에 와 보시기 바랍니다. 저희들이 마련한 건강에 관련된 정보들을 즉시로 또 무료로 얻으실 수가 있습니다.

 귀중한 시간을 몇 시간만 할애하실 수 있겠습니까? 이 책을 읽는데는 몇 시간이면 됩니다. 그러나 그 짧은 몇 시간이 읽는 이의 인생을 완전히 바꾸어 놓을 수도 있을 것입니다. 오늘날 시중에는 건강에 관련된 좋은 책들이 무수히 쏟아져 나오고 있습니다. 그러나 그중에서 하나님의 말씀에 완전히 기초한 건강서적은 한 권도 없는 것 같습니다. 내 친구이자 하나님의 말씀을 전하는 동역자 조지 맬크머스 목사는 그의 저서에서 그 숙제를 해냈습니다. 읽어 가는 동안 조지 맬크머스 목사 자기 자신이 바로 산 증인임을 알게 될 것입니다. 하나님의 건강 원리를 지키는 것이 바로 질병을 몰아내고 힘을 공급하며 우리의 생명이 다하는 날까지 하나님을 더욱 충성스럽게 섬기게 하는 원동력이 된다는 것을 깨닫게 될 것입니다.

 이 책은 최근 "뉴에이지운동"(New Age Movement)으로까지 번져간 범신론자들의 "전체주의 건강법"(Holistic Health)에 대한 하나님의 해답을 제시하고 있습니다. 이 책에 인용된 성경 말씀을 잘 묵

상하고 늘 기도로써 그 말씀을 생활화하기 바랍니다. 또 베뢰아 사람들처럼 간절한 마음으로 말씀을 받고 "이것이 그러한가"하여 날마다 성경을 상고하시기 바랍니다. 이 책이 제시하고 있는 성경 말씀의 원리에 내가 흥미를 느끼기 시작한 것은 목사로서 병든 신자들을 만나고 나서부터입니다. 그들은 건강을 잃어버렸고, 돈도 소비해 버렸고, 음식보다 알약을 더 많이 삼키고 있었으며, 불안과 공포로 방황하고 있었습니다. 그들의 쓰라린 상황은 "야곱이 아들에게 명하기를 마치고 그 발을 침상에 거두고 기운이 진하여 그 열조에게로 돌아간"(창 49:33) 구약시대의 사람들과는 좋은 대조를 이루고 있었습니다.

구약시대에 살았던 사람들은 모두 정신이 건전하였고, 질병에서 오는 고통도 물론 없었습니다. 그들은 평화스럽고 기쁘게 주와 함께하기 위해 본향으로 돌아갔던 것입니다. 얼마나 좋은 대조인가요! 병이 주는 아픔의 고통, 천문학적인 의료비용, 그리고 우리들 대부분이 경험한 무기력증으로부터 벗어나서, 하나님께서 아버지의 집으로 우리를 부르실 때까지 활기차고 생산적이며 기쁨이 넘치는 가운데 지내는 것이 과연 가능할까요? 가능합니다. 그렇습니다. 정말 가능합니다.

저는 저자의 기도에 동참하고자 합니다. 독자들도 이 책을 읽고

이 책에 제시된 성경말씀을 공부하여 간증과 훈계에 귀를 기울이시고 거기서 온 지혜를 자신의 삶에 적용하는 것은 물론이고 다른 사람의 삶에서도 그 열매를 거두어들일 수 있게 되기를 간구합니다. 이 책을 읽어 가는 동안에 하나님의 인도하심이 독자들과 함께 하시기를 바랍니다.

뉴욕 월밍턴에서
데이빗 E. 스트롱 목사

목 차

딜레마에 빠지다

"내 백성이 지식이 없으므로 망하는도다"

(호 4:6)

Chapter 1

내 친구 조는 체격이 크고 힘이 세어서 한때는 미식 축구팀에서 전위역을 맡기도 했습니다. 또한 그는 하나님이 크게 쓰시는 부흥사여서 내가 목사로 있던 교회에서도 그를 여러 번 초청하여 부흥회를 열었습니다. 그때마다 나는 조가 오는 날을 손꼽아 기다렸습니다. 그는 대단히 친절하고, 남을 돕기를 좋아했으며, 성령이 충만한 사람이었습니다. 그래서 나는 그와 어울리기를 아주 좋아했습니다.

어느 부흥 집회에서 그는 "기독교인들이 질병으로 시달리는 이유는 90% 이상이 죄 때문이라고 나는 믿습니다."라고 말했습니다. 쉽게 감동하기를 잘하는 젊은 사역자였던 나는 그 말에 깊은 감명을 받았습니다. 그래서 설교를 할 때면 나도 "기독교인들이 질병으로 시달리는 이유는 90% 이상이 죄 때문입니다"라고 말하곤 했습니다.

그후 우리는 수년 동안 교제를 이어왔습니다. 그런데 몇 년이 지난 후 조로부터 그를 위해 기도를 올려달라는 부탁의 편지를 받았습니다. 그런데 기도 제목이… 그가 심장마비를 일으켜 병원에 입원해 있어서 예정된 부흥회 일정도 진행하지 못하고 있다는 것이었습니다. 전도 집회와 부흥회로 명성이 자자한 그를 초청하려면 보통 일 년쯤 전에 예약을 해야만 했습니다. 그러던 사람이 병원에 누워 있다는 것이었습니다. 편지와 함께 그는 자신이 병원 침상에 누워 있는 사진을 보내 왔습니다.

조의 편지를 읽고 그의 사진을 보면서 내 머리 속에 이런 의문이 생겼습니다. '조의 심장병은 과연 그의 죄 때문인가? 하나님이 이제는 조를 더 이상 사랑하지 않는 것일까?' 하나님 안에서 한 형제인 사랑하는 친구가 당시 경험하고 있던 그 육체적인 어려움 때문에 나는 심각하게 상심하였습니다. 그가 하나님의 일에 얼마나 열성을 바쳐 왔는지는 내가 너무나 잘 알고 있었고 또 그와 함께 기도하는 동안 나는 주님 일에 대한 그의 철저한 헌신과 주님의 종으로서의 희생을 늘 지켜 보아서 잘 알고 있었기 때문이었습니다.

뇌졸중으로 쓰러진 교회 지도자

그 일이 있은 후 몇 년 지나지 않아 나는 또다시 같은 일을 경험하게 되었습니다. 이번에도 희생자는 내가 존경하던 교회의 지도자였는데 그는 일꾼 중의 일꾼이었습니다. 이 신실한 주의 종 역시 부흥사였으며 청소년 선교에 커다란 역할을 한 사람이기도 했습니다. 그런 그가 뇌졸중으로 쓰러져 반신불수가 되어 버린 것입니다.

이 지도자의 회복을 위해 기도를 올리자는 운동이 전 세계의 기독교인들 사이에 일어났습니다. 그러나 그의 사역은 곧 막을 내리게 되었습니다. 몇 번의 추가 발작을 일으키더니 그는 끝내 죽고 말았습니다. 이 위대한 교회의 지도자에게 일어난 죽음의 발작이 과연 죄 때문이었다고 할 수 있을까요? 그의 죽음도 하나님의 뜻이었을까요? 이런 일들이 생기면 거의 모든 기독교인들은 한결같이 대답할 것입니다.

"그것은 하나님의 뜻이었음이 분명하다"라고 말입니다.

심장마비로 쓰러진 기독교 잡지 발행인

얼마 후 보수 신앙을 대변하는 위대한 기독교 정기 간행물의 발행인이자 전도사인 분이 심장마비로 쓰러졌습니다. 전 세계의 교회와 신자들 사이에는 그를 위해 기도를 드리자는 운동이 다시 한번 일어났습니다. 하지만 그의 증상은 더욱 심해져만 갔으며 결국은 그도 세상을 등지고 말았습니다. 과연 그의 죽음도 죄 때문이었을까요? 하나님이 크게 쓰신 이 일꾼의 죽음이 하나님의 뜻에 따라 이루어졌을까요?

노인성 치매에 걸린 신학대학 창설자

위의 사건들과 거의 같은 시간에 또 다른 하나님의 일꾼이 노인성 치매 증세로 시달리고 있었습니다. 그는 유능한 전도사로서 미국에서 가장 뛰어난 기독교 종합대학의 창립자이기도 했습니다. 죽기 전 여러 해 동안 그의 증세는 대단히 심하여 선교 활동을 전혀 할 수가 없었습니다. 이 전도사의 노인성 치매도 죄의 값일까요? 하나님의 뜻일까요?

그 때 이런 일들을 지켜보던 나는, 내가 존경하는 사람들에게 일어나는 일들을 보면서 대단히 고통스러웠습니다. 나는 그들을 신앙이 돈독한 영적 지도자들로서 존경해왔습니다. 이들 중 몇 사람은 주께서 나를 목사로 부르셨을 때, 나를 이끌기 위하여 사용하신 사람들이었습니다.

암으로 죽어간 선교사

내가 겪었던 이와 같은 고통스러운 경험들 중에서도 가장 충격적인 것은 1974년 경에 목회자들의 집회에서 일어난 사건이었습니다. 내가 봉직하던 교회에서 나에게 휴식 겸 재충전을 하고 오라는 뜻으로 한 컨퍼런스에 참석할 수 있도록 기회를 주었습니다. 그 모임에서 나는 다른 목회자들과 교제의 폭을 넓히고 영적으로 재충전할 수 있는 귀한 시간을 가질 수 있었습니다. 그러나 그 집회가 끝나고 돌아올 때에 나는 오히려 더 크게 당황하고 고통스러운 상태가 되었습니다.

그 집회에는 세계 전역에서 1200여 명의 목회자들이 참여했습니다. 집회가 끝날 즈음에 주빈 목사께서 그 자리에 있던 목회자들에게 선교지에서 오신 목사님 한 분을 소개했습니다. 그는 필리핀에서 신도수가 15,000명 정도 되는 교회를 담임하고 있었는데 목회를 통하여 놀라운 축복을 경험하고 있다고 했습니다. 그러나 그는 암에 걸려서 그 목회직을 떠날 수밖에 없게 되었다는 것이었습니다. 이제 겨우 45세밖에 안 된 그에게 현대의학의 의사들은 겨우

수개월밖에 살지 못한다고 선고를 내렸던 것입니다.

우리들은 그를 위해 특별 기도를 올렸습니다. 1200명이 넘는 목회자들이 그의 치유를 위하여 합심기도를 했습니다. 다 함께 모여 특별 기도를 하고 나서 힘을 얻은 우리들은 각자 교회로 돌아가 모든 신도들에게 그의 치유를 위한 기도를 올리자고 제안하기로 했습니다. 그렇게 하면 대개 10만 명이 넘는 신자들이 참여한 가운데 그 하나님의 종을 완쾌시켜서 하나님을 위하여 최상의 사역을 할 수 있게 해달라고 기도를 드린 셈이 됩니다.

그러나 그는 회복되지 않았습니다. 사실 그는 그로부터 얼마 지나지 않아 죽었습니다. 자, 그의 죽음도 죄의 결과로 일어난 일일까요? 만일 죄 때문에 그가 죽은 것이 아니었다면 왜 하나님께서는 그의 치유를 빌었던 수많은 기독교인들의 기도에 응답해 주시지 않았을까요? 그가 죽은 것은 하나님의 뜻이었을까요? 이러한 물음들은 대단히 어려운 것들이었으며 스스로 납득이 될 만한 해답을 나는 찾지 못했습니다. 목회자로서 이러한 질문들에 대한 답을 나는 반드시 알아야 했는데도 실제로는 그렇지를 못했습니다.

나는 지금 오래 전에 경험했던 가장 대표적인 사례들을 말하고 있을 뿐입니다. 사실은 당시에 우리 교회의 교인들이나, 내가 설교 다니면서 만났던 여러 교회의 교인들이 여러 가지 신체적 질병으로 고통을 받고 있었으며 죽는 이들도 많았습니다. 나의 교역자 친구들 중에서도 많은 분들이 역시 육체적인 질병을 가지고 있었고 그들 중 어떤 분은 상태가 심각하여 목회직을 그만 두기도 했습니다. 심지어 죽는 이들도 있었습니다.

이번에는 나의 차례

그러나 기독교인이 왜 질병에 걸리는가에 대한 이 모든 혼돈이 내게 극에 달한 것은 1976년이었습니다. 그 보다 6년 전 나는 뉴욕주 북부 지방에 새로운 교회를 개척했습니다. 처음에는 우리 가족들만을 데리고 예배를 드렸었는데 어느 새 신도수가 600명이 넘는 큰 교회로 성장했습니다. 어떤 이들은 예배에 참석하기 위해 100마일이나 되는 거리를 자동차로 달려 오기도 했습니다. 많은 분들이 오셔서 주 예수가 그들의 구세주임을 알게 되었습니다.

우리들은 매주 세 개의 라디오 방송을 통해 설교를 했으며 교인들을 주일학교와 교회예배에 보내기 위하여 대형버스를 5대나 갖고 있었습니다. 인쇄소와 교회서점을 운영하는 선교회도 있었습니다. 교회에서 운영하는 학교에는 학생수가 100명이 넘었는데 유치원에서부터 12학년까지 있었고 성경학교도 운영하고 있었습니다. 우리 교회 학교는 나라 안에서 다섯 손가락 안에 꼽힐 만큼 유명했습니다. 12명도 넘는 젊은이들이 기독교대학에 다니고 있었으며,

그중 어떤 이들은 평생을 목사직에 바치려고 준비하고 있었습니다. 아무도 우리 교회에 내리신 하나님의 축복을 부정할 수가 없었습니다.

그런데 바로 그러한 때에 그 일이 일어났습니다. 내가 행하고 있던 사역에 이와 같이 여러 가지로 축복이 계속되던 바로 그 때, 내 나이 42세가 되던 1976년에 내가 대장암에 걸렸다는 말을 의사로부터 듣게 되었습니다. 아울러 몇가지 심각한 육체적 질병이 있다는 것이었습니다. 정말 놀라운 일이었습니다. 나는 놀라서 펄쩍 뛰었습니다. 이 질병들이 내가 살아가는 동안에 내가 지은 죄 때문이라는 말인가요? 아니 이 질병들이 나에 대한 하나님의 뜻에서 비롯된 것이라는 말인가요? 오늘에 와서 까지 당시를 회고해 보아도 내가 하나님과 그의 역사에 그 이상 어떻게 더욱 신실하고 더욱 더 헌신할 수가 있었을지 모르겠습니다. 아무리 생각해 보아도 그것은 내게 참으로 받아들이기가 힘든 일이었습니다.

이 모든 것이 어머니가 암에 걸려 병원 치료를 여러 해 받다가 돌아가신 지 얼마 안 되어 일어났습니다. 어머니가 겪으신 그 퇴행성 질환은 너무도 고통스러워서 곁에서 지켜볼 수가 없었습니다. 어머니는 암 자체보다는 암을 치료받는 일에서 더욱 많은 고통을 당하셨던 것입니다.

나는 어머니가 아주 호된 시련을 겪는 것을 목격했기 때문에 내 몸을 치료하는 데는 전통적인 암치료법을 따르지 않기로 결심했습니다. 그래서 나는 다른 것을 갈구하다가 대체요법, 즉 영양요법을 알게 되었고 생활방식마저 바꾸었습니다. 영양요법은 다른 이들에게는 효과를 보였지만 나에게도 효과를 보일 것인지는 확신이 없었습니다. 그러나 그 요법이 최소한 합리적이라는 생각이 들었고 약물을 복용하는 것과는 달리 최소한 성경의 가르침에는 위배가 되지도 않아 보였습니다.

목회직을 떠나서

그래서 나는 목회직을 사직하고 플로리다 주에 있는 한 조그마한 마을로 이사를 갔습니다. 그곳 영양요법학교에서 여러 과목을 수강했고 거기에서 배운 것을 바로 실천에 옮겼습니다. 그러자 곧바로 믿을 수가 없는 일들이 내 몸속에서 일어나기 시작했습니다. 심각했던 질병들이 사라지기 시작했을 뿐만 아니라 사소한 것들까지도 차츰 사라지기 시작했습니다. 아무리 줄여서 이야기해도 그것은 실로 대단히 흥분이 되는 일들이었습니다. 자세한 것은 앞으로 더 상세히 쓰도록 하겠습니다.

나의 딜레마

내 몸에서 일어나고 있는 치유에 대한 것보다 나를 더 흥분시킨 것은 그 영양요법학교에 와 있는 다른 사람들에게도 똑같은 일이 일어나고 있다는 사실이었습니다. 거기에는 여러 가지의 육체적인 질병들을 안고 있는 많은 사람들이 전 세계에서 모여들어 와 있었습니다. 그들 중 많은 분들은 기독교인들이 아니었습니다. 그들 중 어떤 사람들은 노골적으로 하나님을 믿지 않았습니다. 그런데도 그들이 배운 대로 실천하면 그들에게도 놀라운 치유의 기적이 일어나면서 그들의 몸이 점차로 회복되어 가는 것이었습니다.

그래서 나는 정말로 딜레마에 빠져들게 되었습니다. 근 20년 동안 기독교 목회자로 활동하면서 많은 기독교인들이 병이 드는 것을 보았고 그들 중 어떤 이들은 많은 기도와 의사의 노력에도 불구하고 생명을 잃어 버리는 것을 보았습니다. 그런데 지금 기독교인도 아닌 사람들이 기도도 없이, 의사의 도움도 없이, 더욱이 일생 동안 하나님을 알지도 못했으면서도 병이 낫는 것을 내 눈으로 직접 목격하였으니 여기에 대해서 내가 무슨 말을 할 수가 있었겠습니까? 그래서 이 책의 나머지 부분은 "기독교인이 왜 병에 걸리는가?"라고 하는 가장 중요한 질문에 대한 해답을 쓰는데 할애하려고 합니다.

다음장으로 넘어가기에 앞서 기독교인들에게 발생하는 질병 문제에 대하여 생각해 보면서 우리들의 생각을 북돋우기 위하여 몇 가지의 질문을 해 봅시다.

1. 기독교인들이 병에 대하여 너무 수동적인 것은 아닐까요? 병에 걸리게 되면 병에 저항을 하지 않고 병을 당연한 것으로 받아들이고 또 그냥 참아 내려고 하는 것은 아닐까요?

2. 기독교인들이 수동적이 되는 이유가 운명론적인 사고방식에 기인하는 것은 아닐까요? 웹스터사전에 의하면 운명적이란 말은 "인간이 스스로의 힘으로는 바꿀 수 없는 상태"라는 정의를 내리고 있습니다.

3. 우리들이 병의 원인을 죄 때문이라고 해도 될까요? 아니면 하나님의 뜻으로 돌려야 될까요? 사실은 그 병의 원인이 하나님이 세우신 자연법칙의 어느 부분을 어겨서 일어났는데도 말입니다.

4. 여러분은 왜 기독교인들이 비기독교인들과 똑같이 질병에 걸리는가에 대하여 의심해 보신 적이 있나요?

5. 기독교인이라면 심장마비, 뇌졸중, 암, 노인병, 당뇨병 그리고 감기, 인플루엔자, 두통, 구비강염, 알레르기, 여드름, 충치, 관절염 등과 같은 질병에 걸리지 않아도 되는 길은 없을까요?

6. 기독교인들이 자신들이 하고 있는 것(혹은 하지 않은 것) 때문에 질병이 생길 수 있다는 것을 인정하고 싶지 않은 것은 아닐까요?

7. 기독교인들이 병 들고 수명보다 일찍 죽는 것이 "내 백성이 지식이 없어서 망하는도다"(호 4:6)에 연유할 가능성은 없을까요?

나를 지으심이
신묘 막측하심이라

"내가 주께 감사하옴은 나를 지으심이 신묘막측하심이라
주의 행사가 기이함을 내 영혼이 잘 아나이다"

(시 139 : 14)

Chapter 2

나는 하나님이 인간을 창조했음을 믿습니다. 나는 인간이 진화 과정을 거쳐 만들어졌다고 믿지 않습니다. 정밀하게 만들어진 시계의 경우 반드시 생산자가 있어야 하는 것처럼, 시계보다 훨씬 더 복잡하게 만들어진 인간의 경우에도 인간을 만든 생산자가 반드시 있어야 합니다.

나는 또한 성경을 바로 "하나님의 말씀"으로 믿고 있습니다. 나는 하나님께서 인간을 창조하셨을 뿐만 아니라, 어떻게 살아가야 하는가에 대한 지침서도 써주셨다고 믿습니다. "모든 성경은 하나님의 감동으로 된 것으로 교훈과 책망과 바르게 함과 의로 교육하기에 유익하니"(딤후 3:16). 이 생활 지침서인 성경에는 창조주 하나님의 피조물인 사람들이 알아야 할 것들이 모두 수록되어 있습니다. 그렇습니다. 건강하고 행복하고, 성공적이며 영적인 삶을 살기 위하여 우리들이 알아야 할 모든 것들을 성경 속에서 찾아볼 수가 있습니다.

성경은 인간에 대하여 가장 기본적인 세 가지 물음에 답하고 있습니다. 즉, "사람은 어디에서 왔는가?", "왜 여기에 존재하는가?" 그리고 "지구상에서의 삶이 끝나면 어디로 가는 것인가?" 하는 것입니다.

이 장에서 우리는 기초지식을 잘 쌓아야 합니다. 그래야 앞으로 설명해 나갈 "기독교인이 왜 병에 걸리는가?"에 대하여 완전히 이해할 수 있게 됩니다.

사람은 어디에서 왔는가?

성경은 "태초에 하나님이 천지를 창조하시니라"고 말씀하셨습니다(창 1:1). 그리고 6일간 계속된 하나님의 창조의 역사가 구약성경 창세기 1장에 기록되어 있습니다.

첫째날, 하나님께서 빛을 창조하심(창 1:3~5)
둘째날, 하나님께서 궁창 위의 물과 궁창 아래의 물을 창조하심(창 1:6~8)
셋째날, 하나님께서 땅, 바다, 풀, 그리고 나무를 창조하심(창 1:9~13)
넷째날, 하나님께서 해, 달, 별을 창조하심(창 1:14~19)
다섯째날, 하나님께서 동물을 창조하심(창 1:20~23)
여섯째날, 가축과 사람을 창조하심(창 1:24~31)

"기독교인이 왜 병에 걸리는가?"를 이해하는 데 아주 중요한 관계가 있으므로 여기서 여섯째 날을 한 번 더 자세히 점검해 보기로 하겠습니다.

먼저 하나님께서 어떻게 사람을 만드셨는지를 알아봅시다. "여호와 하나님이 흙으로 사람을 지으시고 생기를 그 코에 불어 넣으시니 사람이 생령이 된지라"(창 2:7).

"나를 지으심이 신묘막측하심이라."고 성경에서 말했는데 이보다 더 진실된 표현은 없습니다. 우리 몸은 지구에 존재하는 거의 모든 미네랄 원소들로 이루어진 문자 그대로 화학공장입니다. 인체를 구성하고 있는 원소 중 중요한 것들만 열거한다면 산소(68%), 탄소(15%), 수소(10%), 질소(3%), 칼슘(2%), 인(1%) 등입니다. 이들과 함께 황, 나트륨, 염소, 불소, 칼륨, 마그네슘, 철, 규소, 요오드, 구리, 납, 알루미늄 등의 미량 원소들도 포함되어 있습니다.

위에서 본 바와 같이 사람은 약 96%가 거의 공기에서 얻어지는 원소들로 ("생기를 그 코에 불어 넣어") 만들어졌고, 나머지 약 4%가 흙으로부터 나온 원소들로 ("흙으로 사람을 지으셔서") 만들어진 것임을 분명히 알 수 있습니다. 성경은 하나님이 이와 같은 재료를 써서 사람을 만드셨음을 반복하여 확인하고 있습니다. "네가 얼굴에 땀이 흘러야 식물을 먹고 필경은 흙으로 돌아가리니 그 속에서 네가 취함을 입었음이라 너는 흙이니 흙으로 돌아갈 것이니라 하시니라"(창 3:19). 시편 103장 14절과 전도서 12장 7절도 참고 바랍니다.

그렇습니다. 우리에게는 몇천 년 전에 쓰여진 성경이 있는데, 그 성경에서 인체의 구성 성분이 "흙"과 "생기"라고 가르치고 있습니다. 이런 성경의 가르침은 현대 과학에 의하여 그것이 진실임이 밝혀졌습니다. 즉 인간은 흙과 공기에 존재하는 성분으로 만들어졌다는 사실입니다. 성경이 바로 "하나님의 말씀"임을 누가 감히 의심할 수 있겠습니까? 성경이 수천 년 동안 가르쳐 온 것을 과학은 겨우 최근에야 발견하지 않았습니까!

125조 개가 넘는 세포들

우리의 몸은 약 125조 개의 세포들로 이루어져 있는데 이 세포들을 재생산하기 위하여 영양이 끊임없이 공급되어야 합니다. 또 이 세포들에 대한 노폐물 청소 작업도 끊임없이 이루어져야 합니다. 몸의 어떤 부위는 일 주일 정도마다 새로운 세포로 바뀌어집니다. 인체 부위의 대부분은 1년에 한 번 정도 재생됩니다. 뼈나 두개골과 같은 것들은 수년에 걸쳐야 완전히 재생되게 됩니다.

그런데 이와 같은 세포들이 적절한 재생 물질들을 공급받지 못하거나 독소 세척이 원활하지 못하게 되면 우리가 태어날 때에 지녔던 건강한 세포들이 약한 세포들로 대체되고 맙니다. 이들 약한 세포들이 결과적으로 질병을 유발시키고, 충치를 만들고, 눈도 나빠지게 하고, 귀도 멀어지게 합니다. 그리고 대머리, 노인성 치매, 암 등을 포함한 각종 심각한 질병의 원인이 됩니다. 또한 때 이른 죽음이나 때 아닌 사망의 원인이 되기도 하는 것입니다.

사람들은 이런 절망스런 상태를 겪게 되면 유전 때문이라고 하거나, 이제 나이가 들어 어쩔 수가 없다고 하기도 합니다. 기독교인들은 흔히 "하나님의 뜻"으로 돌리기도 합니다. 그들은 이러한 문제들이 스스로 자신의 몸에 적절하고 충분한 영양을 제대로 공급하지 않아서 생긴 결과라는 것을 전혀 인식하지 못하고 있는 것 같습니다. 적절한 영양공급이야말로 세포 생성에 필수적입니다.

영양공급이 적절해야만 전과 같거나 종전보다 더 강한 세포를 가질 수 있게 되는 것입니다.

아직도 사람들은 자신들의 잘못된 생활 습관이나 잘못된 식생활로 인해 인체가 오염되고 그 오염의 못에 수많은 세포들이 익사하고 있다는 사실을 알지 못하고 있습니다. 이제 세포의 건강과 상태가 바로 우리 몸 전체의 건강과 상태를 결정한다는 사실을 알아야 합니다.

혈 액

몸집의 크기에 따라 차이가 있긴 하지만 대체로 사람의 몸에는 5리터 정도의 혈액이 있습니다. 혈액은 몸 전체를 여행하고 있는데 하루에 3000회 내지 5000회를 돌고 있습니다. 심장은 전 인체를 통하여 200억 개의 혈액세포를 온몸에 펌프질합니다. 이 혈액 세포는 인체의 모든 세포에게 영양을 공급하고 한편으로는 몸 밖으로 내버려야 할 노폐물을 수집하기도 합니다.

심장근육은 정말 튼튼하게 유지되어야 합니다. 그래야 혈액이 세포에 영양을 공급하고 청소하는 일을 힘차게 해낼 수 있습니다. 그런데 많은 사람들이 심장을 튼튼히 하기 위하여 유산소 운동이 절대적으로 필요하다는 것을 모르고 있습니다.

폐

호흡기관인 폐는 생명을 유지하는 필수기관으로서 순환기관(심장, 동맥, 정맥, 혈액)과 함께 일합니다. 인체는 음식 없이는 최소한 40일을 살 수 있고, 물 없이는 아마 4일 정도를 살 수 있을 것입니다. 그러나 산소가 없이는 채 4분도 생명을 유지할 수 없습니다.

폐는 산소를 받아들이고, 이산화탄소를 내뿜습니다. 받아들여진 산소는 혈액에 실려 몸 전체로 운반되어져서 그곳에서 세포를 재생시키는 원료가 됩니다. 그 일이 끝나고 다시 돌아나올 때는 오물인 이산화탄소와 각종 독소를 싣고 다시 폐로 돌아옵니다. 이 오물들은 호흡을 통하여 체외로 분출됩니다.

콜라나 사이다와 같은 탄산수에서 "샤"하는 소리를 내고 거품을 만드는 것이 이산화탄소 즉 탄산가스입니다. 탄산음료를 마시는 분은 그것이 자신의 인체 속에 독을 쏟아 넣는 것과 같다는 사실을 전혀 모르고 있습니다.

동맥이 막혀 산소가 두뇌로 전달되지 않으면 뇌졸중이 일어납니다. 같은 현상이 심장에 일어나면 심장마비가 됩니다. 우리가 생활 습관을 어떻게 가지고, 또 식생활을 어떻게 하느냐에 따라서 폐, 동맥, 정맥 등의 건강 상태가 좌우되고 세포에 가는 산소의 공급량도 결정됩니다.

오염된 공기 속에서 호흡하는 것, 담배를 피우는 것 등은 천천히 자살을 시도하는 것과 같습니다. 들여마시는 오염의 양에 따라 그 사람의 생명은 그만큼 단축됩니다.

간

간은 우리가 먹고 마시는 모든 음식의 성분들을 자신의 놀라운 실험실로 흡수하여 우리 몸이 쓸 수 있는 형태로 분해합니다. 간에서 처리된 이 특별한 음식물을 혈액이 인체의 각 부위로 옮겨주어 세포와 조직을 수리하고 보충하여 재생시킵니다. 알코올, 맥주, 와인, 그리고 독주 등은 이 훌륭한 인간의 장기를 서서히 파괴시켜, 결국에는 신체에 심각한 질병을 일으키고 마침내 죽음에 이르게 합니다.

다른 기관들

지면이 허락한다면 임파선(뒷장에 자세히 설명하겠음), 신경계, 근육계, 샘 등 하나님이 체내에 만들어 놓으신 각 기관에 관하여 설명을 하겠습니다. 그러나 위에 열거된 장기들의 기능만을 보더라도 "나의 지으심이 신묘막측하심이라."는 성경말씀이 정확함을 증명하는 데 충분하다고 생각합니다.

앞으로 매 장이 끝날 때마다 그 장에서 배운 가장 중요한 요점들을 복습하도록 하겠습니다.

1. 하나님은 흙과 공기에 존재하는 원소들로써 사람을 만드셨습니다.

2. 현대 과학도 인체의 구성 물질이 흙과 공기에 존재하는 원소들로 이루어졌다는 것을 확인하고 있습니다.

3. 인체는 수백 조의 세포로 이루어져 있으며 이들 세포들은 끊임없이 새로운 세포들로 바뀌고 있습니다.

4. 튼튼하고, 건강하고, 활력 있는 세포를 만들기 위해서는 반드시 기초재료가 적절해야 합니다.

5. 혈액은 이 기초재료들을 간과 폐에서 전달받아 몸의 각 부위로 운반하고 있습니다.

6. 몸의 어떤 부위가 건강하지 못해 기능이 저하되었을 때에는 혈액이 공급해온 기초재료가 몸에 맞지 않는 것이었거나, 건강 유지를 위해 적절하지 못한 것이었기 때문입니다. 또는 인체가 해로운 물질로 오염되었기 때문입니다.

7. 우리가 먹고 마시고 숨쉬는 것이야말로 바로 혈액이 세포를 재생시키기 위해 기초재료를 실어올 수 있는 유일한 근원입니다.

성경의 가르침

Chapter 3

Chapter

3

'왜 기독교인들이 비기독교인이나 다를 바 없이 병에 걸리는 것일까?'라고 궁금하게 생각해본 적이 있습니까? 혹은 '왜 영적인 지도자들이 보통의 기독교인들과 구별이 되지 않고 병에 걸리는가?'라고 궁금하게 생각해 본 적은 없으십니까? 이 책의 제1장 마지막 부분에서 제시된 것이 이 두 가지 질문이었습니다. 여러 교회들을 다니며 오랫동안 목회를 하면서 나는 이 두 가지 문제 때문에 몹시도 괴로웠습니다.

1장에서도 언급했듯이, 수많은 저명한 교회 지도자들이, 부흥사들이, 선교사들이, 그리고 목사들이 병에 걸리고, 심지어 죽는 것을 나는 목격하였습니다. 그들 중의 어떤 분들은 인생의 절정기에 이르러 하나님을 위한 큰 사역을 담당하고 있었습니다.

한편으로 나는 기독교인들도 비기독교인들처럼 암에 걸리며, 심장마비, 뇌졸중, 당뇨병, 관절염, 독감, 두통, 감기, 위경련 등 온

갖 질병에 걸리는 것을 보았습니다. 우리는 기독교인으로서 이러한 사실을 누구의 탓으로 받아들여야 할까요?

다른 종파들의 가르침

다른 종파들을 보면 질병에 대하여 아주 흥미있는 가르침과 치료법들을 보유하고 있습니다. 그들에 대하여 한번 살펴봅시다.

- **크리스찬 사이언스** : 메리 베이커와 글로버 패터슨 에디에 의하여 창립되었는데, 이들은 병과 죽음은 실제 일어나는 일이 아니며 정신적 착각이라고 가르치고 있습니다. 그러나 이 종교의 창립자들은 물론이고 많은 추종자들이 병이 들어 죽고 말았습니다. 나의 숙모 한 분도 이 종파의 신봉자였는데 역시 병으로 돌아가셨습니다.

- **제7일 안식일 예수 재림교** : 엘렌 지 화이트에 의하여 창립되었는데, 그들의 교리에는 매우 엄격한 식사법과 몸 관리법이 포함되어 있습니다. 예를 들면 그들은 커피, 홍차, 담배, 알코올 음료 등을 마시지 말라고 가르칩니다. 그들의 가르침 중에 더욱 흥미로운 것은 돼지고기를 먹는 것이 옳지 않다고 하는데 다른 육류도 전혀 먹지 않는 것이 가장 좋다고 합니다. 이

종교의 신도들이 모두 이들 식사의 가르침을 따르는 것은 아니나 통계보고에 따르면 제7일 안식일 예수재림교의 교인들은 대체로 암에 걸리는 사례가 적으며 일반 미국인들에 비해 더 건강하다고 합니다. 그리고 그들의 평균 수명이 일반 미국인들에 비해 6년이나 높다고 합니다.

• **모르몬교** : 조셉 스미스에 의해 창립되었으며 그들의 교리에도 역시 식사에 대한 제한이 있습니다. 알코올 음료, 담배, 커피, 홍차, 콜라 그리고 화학 약품이 들어있는 음식을 섭취하지 말고 절제하도록 하고 있습니다. 그들은 비상식품의 저장을 권장합니다. 특히 곡류와 깨끗한 마실 물을 저장하도록 하고 있습니다.

• **오순절파** : 이들은 예수님의 속죄에 육체의 치유가 포함되어 있다고 주장합니다. 그들은 치유 예배나 행사를 자주 갖는데 치유를 원하는 기도를 하면서 기도자의 몸에 기름을 바르기도 합니다. 나도 그 기도회에 몇 번 참석한 적이 있는데, 그들은 기도 중에 "예수님의 이름으로" 하나님에게 병을 낫게 해달라고 요청합니다. 그러나 나의 20년 목회생활 중에 많은 오순절 목사들과 성직자를 접촉해 왔으나 그들이 다른 사람들보다 질병에 적게 걸린다는 사례는 본 적이 없습니다.

- **개신교, 천주교, 유태교** : 이들 종교에서는 대체로 환자가 병드는 것을 하나님의 심판으로 보는 것 같습니다. 흔히 죽음도 질병도 순순히 받아들여야 하는 것으로 여기며, 자신의 운명을 바꿀 힘이 인간들에게는 없다고 봅니다. 기도를 통해서 병이 낫지 않거나 의사가 병을 낫게 해 주지 못하면 그것은 분명히 하나님의 뜻이라고 합니다.

- **침례교** : 나는 근 20년 가까이 침례교 목사로 활동했었습니다. 침례교인들은 질병 그 자체를 극단적인 숙명으로 보는 경향이 있습니다. 침례교인들은 병에 걸리면 열심히 기도하면서 의사들의 치료에 따라 약을 먹고 방사선 치료와 수술을 받는데 이것들이 하나님이 아픈 신도들의 병을 고치기 위하여 쓰시는 수단이라고 생각하기 때문입니다. 기도와 의사들의 노력에도 불구하고 병이 낫지 않으면 그때는 "이것은 필시 하나님의 뜻이다"라고 순순히 받아들입니다. 침례교와 관계를 맺고 30년이 지난 지금까지도 나는 침례교인들이 다른 종파의 사람들보다 더 건강하게 사는 것을 목격하지 못했습니다.

하나님의 잘못인가?

위에 열거한 여러 사례들은 그 관점이 잘못되었다는 것을 나타내 보이기 위해 나열한 것은 아닙니다. 그러나 질병에 걸리면 하나님 뒷전에 숨어서 하나님 탓으로 잘못을 돌리는 것을 이제 그만두어야 할 때가 되었다고 나는 믿고 있습니다. 사실, 우리는 우리 자신이나 친구, 또는 사랑하는 가족이 병에 들면 언제나 하나님의 뜻이라고 말하는데 바로 그것이 잘못된 점이라는 것을 말하고자 한 것입니다.

우리들은 우리가 이해 못하는 일들을 하나님의 탓으로 원망을 돌리는 경향이 있습니다. 예를 들어 보겠습니다. 토네이도가 오클라호마의 한 마을을 휩쓸어 가버렸다거나 허리케인이 강하게 불어와 루이지아나 바닷가를 엎어 놓았다거나, 홍수가 닥쳐와 어떤 도시를 침수시켰다고 합시다. 이러한 사건들이 일어나면 사람이 죽거나 부상을 입고 또 많은 재산 피해가 생깁니다. 이런 비극적인 사건들이 누구의 탓으로 돌려집니까? 왜, 이것이 하나님이 하신 일인가요? 보험회사에서 나온 직원이나 뉴스 해설자들은 흔히 그렇게들 표현하려고 합니다. 그들은 실제로 "하나님도 무심하시지!"라고 합니다.

우리가 이해하지 못하는 일들을 하나님의 탓으로 돌려서는 안 됩니다. 성경을 펴들고 기독교인이 왜 병에 걸리는가에 대하여 하나님이 무엇이라고 하시는지를 살펴보도록 합시다.

성경의 대답

성경에 의하면 신체적 질병이 생기는 이유를 세 가지로 구분해 놓고 있습니다. 오늘날 기독교인들이 받고 있는 모든 신체적인 고통은 이들 세 가지 이유 중 하나에 속한다고 나는 믿습니다.

1. 하나님의 영광을 위해서

요한복음 9장 1-3절을 보면 우리는 태어날 때부터 소경인 사람을 만나게 됩니다. 그 소경은 그 사람 자신이 죄를 지은 것도 아니고, 그 부모들이 죄를 지은 것도 아닙니다. 제자들이 물었습니다. "이 사람이 소경으로 난 것이 뉘 죄로 인함이오니까 자기오니이까 그 부모오니이까?" 예수께서 대답하셨습니다. "이 사람이나 그 부모가 죄를 범한 것이 아니라 그에게서 하나님의 하시는 일을 나타내고자 하심이니라."

분명한 것은 이 일이 예수님께서 지구상에 계셨을 때 일어났던 것이며 그의 장님 됨은 의도적이었다는 것입니다. 예수님이 그 장님을 치유시켜 예수님 스스로 그 자신의 이름을 알리고, 그분을 보내신 하나님 아버지를 알리기 위한 것이었습니다.

사도 바울도 이와 같은 범주에 속하는 질병을 앓았던 것 같습니다. 그는 병을 낫게 해 달라고 세 번을 기도했으나 하나님께서는 고린도후서 12장 7-9절에서 이렇게 말씀하셨습니다. "…(중략) 내 은혜가 네게 족하도다…"라고 말입니다.

이것이 우리의 몫이 되어 우리가 하나님의 영광을 위하여 질병을 얻게 된다면 우리는 바울이 말한 것처럼 "어떠한 형편에든지 내가 자족하기를 배웠노니"(빌 4:11)라고 말할 줄 알아야 합니다. 하나님의 영광을 위해서 생긴 병이라면 세상의 어떤 기도도 질병을 거두어가지 못합니다.

2. 회개하지 않은 죄 때문에

고린도전서 11장 28-32절을 보면 허약함과 질병 그리고 때이른 죽음이 하나님을 믿는 사람들에게 찾아오는 이유는 그들이 회개하지 않은 죄로 인하여 하나님께서 그 죄들을 심판하셔야 하기 때문이라는 것을 알게 됩니다. "이러므로 너희 중에 약한 자와 병든 자가 많고 잠자는 사람도 적지 아니하니 우리가 우리를 살폈으면 판단을 받지 아니하려니와 우리가 판단을 받는 것은 주께 징계를 받는 것이니 이는 우리로 세상과 함께 죄 정함을 받지 않게 하려 하심이라"(고전 11:30-32).

성경에 따르면 어떤 기독교인들은 죄 때문에 육체적인 고통을 받게 됩니다. 그러나 이 고통은 요한일서 1장 9절 말씀의 가르침을 실천하면 즉시 치유 받을 수 있습니다. "만일 우리가 우리 죄를 자백하면 저는 미쁘시고 의로우사 우리 죄를 사하시며 모든 불의에서 우리를 깨끗게 하실 것이요."

죄 때문에 생긴 병은 하나님의 심판입니다. 그러나 그 병은 하나님 보시기에 합당하도록 우리가 의롭게 행하면 치유될 수 있습니다. 고린도전서 11장 28-32절까지를 이런 관점에서 다시 한번 읽어보도록 합시다. 그 기도가 죄를 지은 본인의 참회 기도가 아니라면, 결국 세상의 어떤 기도도 죄 때문에 생긴 병을 고쳐낼 수는 없습니다.

우리가 살고 있는 이 시대의 기독교인들이 겪는 병적 고통의 일부는 자신의 죄를 회개하지 않은 데서 생긴 것이라고 믿어 의심하지 않습니다. 하지만 이 그룹에 속하는 질병들은 현대 성인병 중에서도 극히 작은 비율을 차지할 뿐이라고 믿습니다.

오늘날 기독교인이 병에 걸렸을 때 그것이 죄 때문에 생긴 것인지 아닌지는 너무 쉽게 알 수 있습니다. 왜냐하면 그 질병이 죄 때문에 생긴 것이라면 진정으로 자신의 모든 죄를 회개하고 하나님께 용서를 빌면 되기 때문입니다(요일 1:9). 그러나 그렇게 했는데도 병이 낫지 않는다면, 그것은 바로 성경이 가르쳐 주는 병에 대한 세 번째 이유가 분명합니다. 즉 사랑이신 우리 하나님이 우리 인간을 위해 세워 주신 하나님의 천연법칙을 사람이 위반했기 때문입니다.

3. 하나님이 창조한 천연법칙을 위반했기 때문에

고린도전서 3장 16-18절의 말씀을 읽어보면 "너희가 하나님의 성전인 것과 하나님의 성령이 너희 안에 거하시는 것을 알지 못하느뇨 누구든지 하나님의 성전을 더럽히면 하나님이 그 사람을 멸하시리라 하나님의 성전은 거룩하니 너희도 그러하니라"고 써 있습니다.

오랫동안 이 성경 말씀을 읽을 때마다 그 참뜻이 이해되지 않았습니다. 내 자신의 육체가 병들고 나서야 비로소 나는 그 뜻을 이해하게 되었습니다. 신체적으로 병을 앓게 되니까 내 몸이 어떻게 기능하는 것인지 알려고 열심을 내었습니다. 적절하게 영양을 섭취하는 것과 알맞는 운동을 적극적으로 하는 것이 얼마나 중요한가를 공부하다 보니 고린도전서 3장 16-18절 말씀의 참뜻을 깨달아 알게 되었습니다.

이 문제에 대하여 고린도전서 6장 19, 20절에도 같은 가르침이 있습니다. "너희 몸은 너희가 하나님께로부터 받은 바 너희 가운데 계신 성령의 전인 줄을 알지 못하느냐 너희는 너희의 것이 아니라 값으로 산 것이 되었으니 그런즉 너희 몸으로 하나님께 영광을 돌리라."

성경은 분명히 우리 몸의 주인은 우리가 아니라 하나님이라고 명시하고 있습니다. 기독교인들이 몸을 잘 보존하지 못하면 하나님은 그 몸을 파괴하실 것입니다. 그 성경 말씀을 다시 한번 읽어 보시기 바랍니다. "누구든지 하나님의 성전을 더럽히면(웹스터 사전에 의하면 불유쾌한 그 무엇으로 깨끗하게 하지 않거나 오염시키는 것을 말함) 하나님이 그 사람을 멸하시니라 하나님의 성전은 거룩하니 너희도 그러하니라"(고전 3:17).

우리의 무지함

대부분의 사람들은 자신의 입에 어떤 음식을 집어넣는지 잘 생각해 보지 않습니다. 그저 맛이 있으면 먹습니다. 무엇을 먹고 마시느냐에 따라서 자기 몸이 어떤 상태로 변화하는지 관련지어 생각하지 않는 것 같습니다. 만약 음식을 먹기 전에 상표에 기재된 내용물을 읽어볼 기회가 있다면 자신들이 무엇을 먹고 있는지 알게 되어 깜짝 놀랄 것입니다. 어떤 물질들은 우리가 발음할 수조차 없으며 무엇인지 알아내기도 어렵습니다. 보통 사람들은 자신의 승용차에 넣는 기름의 등급에는 신경을 쓰면서도 몸으로 들어가는 음식에 관해서는 관심조차 없습니다.

또한 사람들은 우리의 인체가 운동을 하느냐 안 하느냐에 따라 건강이 좌우된다는 것을 연결지어 생각하지도 않습니다. 성경에는 이렇게 씌어져 있습니다. "내 백성이 지식이 없으므로 망하는도다" (호 4:6).

이 책을 쓰게 된 이유

내가 이 책을 쓰게 된 목적은 그동안 경험에서 얻은 우리 몸과 건강에 대한 지식을 하나님 안에서 형제 자매인 여러분들과 나누어 가지기 위해서입니다. 이 지식을 실천에 옮기면 말 그대로 몸이 변화되고 인생이 달라집니다. 나는 20대 청년이었을 때처럼, 어떤 때는 그 보다도 훨씬 더 활기가 느껴질 만큼 튼튼하게 되었습니다.

이렇게 알게 된 지식을 관심을 가지고 실천에 옮기는 사람들은 놀라운 일들이 자신의 몸 안에서 일어나는 것을 알게 될 것입니다. 건강을 얻게 되어 인생에서 새로운 불꽃이 타오르게 될 것입니다. 내가 살아 있다고 느끼는 순간 환희에 차고 예수님과 늘 동행하는 삶을 살게 되면 감동과 스릴이 넘치는 경험의 연속이 될 것입니다.

반면에 이 지식을 무시하고 외면하여 방종한 생활을 계속하는 사람들은 병들어 비참한 삶을 살다가 젊은 나이에 죽고 말 것입니다. "스스로 속이지 말라 하나님은 만홀히 여김을 받지 아니하시나니 사람이 무엇으로 심든지 그대로 거두리라"(갈 6:7). 이 구절은 지금까지 살펴온 이 책의 주제인 "기독교인이 왜 병에 걸리는가?"에 딱 들어맞는 말씀임이 분명합니다.

그러면 "나는 차라리 죽어 예수님 곁으로 가고 싶다. 이 세상은 너무도 사악하기 짝이 없다. 예수님과 함께 있는 것은 정말 좋을 뿐만 아니라 거기에서 새롭게 몸을 받을 것이 아닌가"라고 할 사람이 있을지 모르겠습니다. 그렇지만, 만약 그가 원하기만 한다면 그 새로운 몸을 지금 바로 가질 수가 있는데, 구태여 미룰 필요가 있겠습니까?

사도 바울의 말씀을 상기해 봅시다. "내가 그 두 사이에 끼었으니 떠나서 그리스도와 함께 있을 욕망을 가진 이것이 더욱 좋으나 그러나 내가 육신에 거하는 것이 너희를 위하여 더 유익하리라"(빌 1:23-24).

복 습

1. 기독교인들도 비기독교인들과 다름없이 병에 걸립니다. 성령 충만한 신도들도 그렇지 못한 일반신자와 똑같이 병에 걸립니다. 왜일까요?

2. 기독교인들은 질병을 아주 숙명적으로 보는 경향이 있습니다. 몸에 병이 생기는 것을 흔히 하나님의 뜻이라고 생각하거나 심지어는 하나님을 원망하기까지 합니다.

3. 성경은 기독교인들이 질병에 걸리는 원인을 다음 3가지라고 가르치고 있습니다.

    첫째, 하나님의 영광을 위해서입니다. 주 예수의 능력과 신성을 나타내 보이기 위해 주로 성경 시대에 사용되었습니다.

    둘째, 회개하지 않은 죄값 때문입니다. 오늘날의 일부 기독교인들이 겪는 질병은 의심할 것도 없이 이 이유에 속할 것입니다. 그러나 이 경우 진정으로 참회기도를 드리면 곧 치유를 얻을 수 있습니다.

    셋째, 하나님이 세우신 천연법칙을 위반했기 때문입니다. 오늘날의 기독교인들이 겪는 병과 육체적 고통의 90% 이상이 여기에 속한다고 필자는 믿습니다.

4. 잘못된 식습관, 생활방식, 운동 부족 등이 우리 몸의 건강문제의 대부분을 차지합니다.

5. 우리에게 선택의 자유가 있습니다. 건강과 행복입니까? 아니면 질병과 고통, 그리고 때이른 죽음입니까? 어떤 것을 선택하시겠습니까?

관습

Chapter 4

Chapter

4

어떤 문제에 대해 상세히 잘 알지 못하면 몰라서 어려운 일을 당할 수도 있기 때문에 성경말씀 호세아 4장 6절에는 "내 백성이 지식이 없으므로 망하는도다."라고 말씀하고 있습니다. 이 말씀은 이 책의 제1장 서두에서, 많은 뛰어난 교계 지도자들이 심각한 질병에 걸려 일찍 세상을 떠나는 것을 이야기할 때 인용되었습니다.

만약 기독교인들이 지식이 부족하여 여러 가지 질병들에 걸려서 일찍 죽어가게 된다면 그것은 대단히 심각한 비극이 아닐 수 없습니다. 우리는 이 "지식"이라는 말에 대하여 잠시 생각해 볼 필요가 있습니다. 그 말이 우리 기독교인들과 관계가 있기 때문입니다.

지식의 중요성

기독교인들은 매우 독특한 집단입니다. 기독교인들은 영적 문제에 대하여 각자 지식을 쌓았고 그 결과로 예수님을 구세주로 받아들였습니다. 이 지식과 이 지식의 적용이 그들을 영적 어둠 속에서 빠져 나오게 하고 하나님의 놀라우신 빛 가운데로 걸어가게 하는 것입니다.

그러나 우리가 경계하지 않으면 영적으로 안다고 하는 사실로 인해 곤경에 처할 수도 있게 됩니다. 왜냐하면 우리가 영적 문제에 있는 진실을 알게 되었기 때문에 흔히 모든 문제에 대하여 우리가 모두 알고 있다고 생각해 버리기 쉽기 때문입니다. 그래서 우리가 믿고 있는 바와 상충이 되는 것에 대하여는 주제가 무엇이건 마음의 문을 걸어 잠그어 버리게 되고 맙니다.

기독교인들에게 꼭 필요한 것 중의 하나가 "지식"입니다. 예수님은 이에 대해 자주 말씀하셨습니다. 요한복음 8장 32절에서 예수님께서는 "진리를 알지니 진리가 너희를 자유케 하리라" 하셨습니다. 그리고 또 요한복음 13장 17절에서는 "너희가 이것을 알고 행하면 복이 있으리라"고 하셨습니다.

열린 마음이 필요하다

사도행전 17장에 나오는 베뢰아의 기독교인들처럼 오늘의 기독교인들은 마음의 문을 활짝 열어야 합니다. 모든 것을 다 믿어야 된다고 말씀드리는 것은 아니지만 하나님의 말씀과 어떻게 상충되는지 점검해 봄으로써 타당한 구석이 있는지 최소한 귀 기울여 들어볼 필요는 있는 것입니다.

그러나 슬프게도 많은 기독교인들이 자신의 마음속에 이미 자리 잡고 있는 고정관념과 다른 것에 대하여는 마음을 닫아버립니다. 그런데 그 고정관념은 흔히 무지에서 비롯됩니다. 그리고 어처구니없는 의견과 이론, 관습과 맹목적인 신념이 참 진실을 가리고 있는 경우가 많습니다.

많은 기독교인들은 비기독교인들이 그렇듯이 전 세대로부터 물려받은 신앙에 자신들을 묶어두려고 하거나 그동안 살아온 인생여정에서 얻어진 편견들을 고수하려고 합니다. 보통 이러한 믿음들은 잘못된 것일 수가 있는데도 다른 의견에는 마음의 문을 닫아버립니다. 닫혀진 마음은 하나님을 아는 지식과 진실을 받아들이는 데 있어서 가장 큰 장애물이 됩니다. 나는 심지어 기독교인들이 어떤 문제에 대하여 굳어진 편견 때문에 분명한 성경의 가르침조차도 거부하는 것을 보아 왔습니다.

두려운 지식의 부족

"기독교인이 왜 병에 걸리는가"에 대한 기독교인들의 무지함은 두려울 정도인데, 오랫동안 나도 이 무지한 제자들 가운데서 둘째 가라면 서러울 정도의 스타였음을 밝혀야 하겠습니다. 이 책을 읽는 많은 크리스천 형제 자매 여러분, 우리들 앞에 놓인 이 문제에 대하여 모두 마음을 열고 다 함께 탐구해 보지 않겠습니까? 내가 말씀드리고 있는 것을 무조건 믿어달라고 부탁하는 것은 아닙니다. 단지 사도행전 17장에 나오는 베뢰아의 신자들처럼 마음문을 활짝 열어 보자는 것입니다. "그들은 간절한 마음으로 말씀을 받고 이것이 그러한가 하여 날마다 성경을 상고하였습니다." 적어도 제가 제시한 문제에 대하여 성경이 어떻게 가르치시는지를 탐구해 볼 수는 있지 않겠습니까? 그렇게 해도 허구적인 신념 외에는 잃을 것이 아무것도 없을 것입니다. 그 대신에 만약 오랫동안 지녔던 낡은 신념을 버리게 되면 장수하고, 건강하며, 흥분이 넘칠 정도의 생산적인 신앙생활을 하게 될 것입니다.

참다운 지식을 얻기 위해서는 먼저, 우리가 그저 당연하게 받아들여온 사실들과 정말 진실이라고 믿어지는 사실들을 분리시키는 작업부터 시작해야 합니다. 우리는 우리가 가진 것이 참다운 지식인지 아니면 고정관념이나 의견에 지나지 않은지를 구별할 줄 알아야 하겠습니다.

관습

우리가 서로 생각해 보기 쉽도록 몇가지 질문을 해보겠습니다. "우리가 식사를 할 때 왜 지금처럼 하게 되었습니까? 왜 포크나 숟가락을 씁니까? 젓가락이나 다른 종류의 기구들을 써서 음식을 입에 넣으면 안 됩니까?", "왜 대다수의 미국인들이 하루 세 끼를 먹습니까? 어떤 나라에서는 하루에 두 번 또는 심지어는 한 번 먹는 것이 정상인 나라도 있는데 말입니다.", "거의 모든 미국 음식들은 불에 익힌 것들인가요?", "왜 많은 사람들은 식사 후 달콤한 디저트를 먹어야 식사가 완전히 끝났다고 생각합니까?"

더 이상의 물음은 필요하지 않을 것입니다. 이들 질문에 대한 대답은 대충 다음과 같을 것이기 때문입니다. "어려서부터 그렇게 먹고 살도록 훈련받고 자랐기 때문이지요." 이처럼 관습이 우리가 어떤 음식을 취하고 어떤 방식으로 먹는가에 대해 말하는 결정적인 요인이 되어 왔습니다.

조상으로부터 내려온 식습관

나를 포함하여 거의 모든 기독교 신자들은 우리 부모들과 비슷한 식습관을 그대로 물려받았습니다. 우리의 부모님들이 우리를 해치려고 그러한 식사법을 전했다는 뜻은 아닙니다. 우리들의 식습관이 전 세대부터 다음 세대로 물림을 한다는 점을 밝히고 싶을 뿐입니다.

예를 들어 몇 년 전에 내가 노스 캐롤라이나의 한 교회에서 담임 목사직을 맡고 있을 때의 이야기입니다. 그 지방에서는 돼지고기가 많이 소비되고 있었습니다. 실제로, 거의 끼니 때마다 두세 가지나 되는 돼지고기로 만든 요리가 식탁에 오르곤 했습니다. 야채로 만든 음식에는 항상 기름기 보충으로 커다란 고깃덩어리가(마을 관습에 따라) 얹혀져 나왔습니다. 이와 같은 전통적인 식습관으로 인하여 동네에서는 자연히 순환기의 질병이 만연하였고 많은 사람들이 동맥경화증으로 단명하였습니다.

관습은 우리의 식생활에 결정적인 영향을 미칩니다. 우리가 무엇을 어떻게 먹는지가 관습에 따라 결정되고, 그로 인해 어떤 육체적 질병을 경험하게 되는지 결정이 되는 것입니다.

암과의 싸움에서 패하고 돌아가신 어머니

우리 어머니는 대장암에 걸려서 참혹하게 고생만 하시다가 돌아가셨습니다. 그런데 내가 42세가 되었을 때 똑같이 대장암이라는 진단을 받았습니다. 내가 어머니처럼 대장암에 걸린 것은 어머니로부터 그런 유전적인 소양을 타고 태어났다는 뜻일까요? (현대의학에서는 강하게 그렇다고 가르치고 있습니다). 그러나 혹 어머니의 식습관과 나의 식습관이 비슷했고 우리의 생활방식이 비슷했기 때문에, 서로 같은 건강문제를 가지게 된 것은 아니었을까요?

심장마비로 돌아가신 아버지

아버지께서는 42세 때부터 잦은 심장마비와 뇌졸중으로 고생하셨습니다. 결국은 그 고질적인 심장질환으로 돌아가셨습니다. 나도 42세가 되었을 때 내 주치의는 내 몸이 언제라도 심장마비로 발작을 일으킬 정도로 무르익었다고 했습니다. 이것도 역시 내가 아버지로부터 약한 심장과 순환기관을 물려받았다는 뜻일까요? 혹시, 아버님과 내가 같은 음식을 같은 방법으로 조리하여 먹어왔고 같은 생활방식으로 살아왔기 때문에 일어난 증상이 아니었을까요?

여러 가지 질병에 대한 나의 반응

그러면 자신의 몸에 생긴 여러 가지 질병에 대해서 내가 보일 수 있었던 반응들은 어떤 것들이었을까요?

첫째로 보일 수 있는 반응은, "그래, 나의 인생에 대하여 내리신 하나님의 뜻일 것이야"라고 자탄하면서 아무런 노력도 않는 것일 수도 있습니다. 두 번째로, 나도 역시 어머니나 아버지의 병환에 모두 속수무책이었던 의사들의 손에 그들처럼 내 몸을 맡겨버렸을 수도 있습니다. 또 세 번째로, 하나님이 주신 지식에 대한 탐색을 시작하여 내 몸이 아프게 된 원인과 어떤 해결책이 있는지 알아보는 길을 택할 수도 있었을 것입니다.

이 책의 1장에서 말씀드린 대로 나는 세 번째 길을 택했습니다. 식사법과 생활양식을 근본적으로 바꾸고 적극적으로 운동을 시작하면서 일상의 생활습관도 바꾸었습니다.

나의 몸이 보인 반응

이런 변화에 나의 몸은 어떻게 반응했을까요? 우선 나의 심장과 순환계에 어떤 반응이 생겼는지를 보겠습니다. 내 나이 42세가 되던 1976년에 나의 혈압이 150/90이었습니다. 즉 고혈압의 경계선에 서 있었습니다. 그 후 식사법과 생활습관을 바꾼 지 6년째인 48세 때에는, 혈압은 125/75로 하락하였습니다. 언제라도 심장 발작을 일으킬 수 있을 만큼의 지경에 이르렀다고 진단을 받은 지 17년이 지난 59세 때에 내 혈압은 110/70이었습니다.

42세 당시에 평상시의 맥박수가 최저 70이었는데 59세 때에는 평상시 맥박수가 최고 40입니다. 한 시간 이내에 5마일을 조깅을 한 후에 맥박을 재어 보아도 120이하입니다.

그렇다면 한가지 묻겠습니다. 나의 나이 42세에 나에게서 생겼던 신체적 질병이 하나님의 뜻이라고 하시겠습니까? 내 부모님들로부터 물려받은 허약 체질 때문이라고 하시겠습니까? 아니면 위로부터 내려온 생활습관 때문이라고 하시겠습니까? 그것도 아니면 내려온 생활습관과 새로이 변형된 생활습관이 합친 데에서 일어났다고 하시겠습니까?

변형된 생활관습

미국인의 전통적인 식습관은 오늘날의 식품회사들이 날마다 쏟아 놓는 강력한 광고와 패스트 푸드의 범람, 그리고 보다 빨라진 생활 패턴에 의하여 변형되어 왔습니다. 자연인들의 경우를 조명해 봄으로써 변형된 관습을 한번 살펴보기로 하겠습니다.

나의 외할머니와 외할아버지께서는 두 분 모두 열심히 일하는 농부이셨습니다. 동이 트는 새벽에 일어나 일터로 나가 열심히 일하는 소박한 생활을 하신 분들이었습니다. 그들은 땅과 밭에서 자신들이 손수 일구고 가꾼 농작물로 음식을 만들어 먹고 살았습니다. 전기도 없었고 수돗물도 나오지 않았습니다. 그러나 두 분 다 80세가 넘어서까지 일을 할 만큼 건강했습니다.

이런 건강한 혈통에서 태어난 나의 어머니는 50세도 채 되기 전에 몸에 심각한 이상이 생겼던 것입니다. 그런 어머니를 둔 나도 42세에 죽을 병에 걸리지 않았겠습니까? 여러분들은 우리 가족의 세대가 내려오면서 점점 더 나쁜 신체적 조건을 가지게 되었음을 분명히 알게 되셨을 것입니다.

변형된 관습이 기독교인들이 병에 걸리는 이유와 관계가 있지 않겠습니까? 이 관점을 한번 탐구해 보도록 하겠습니다. 이 변형된 관습이라고 함은, 우리의 조상들이 해오던 좋은 방식을 버리고 오늘날에 새로이 달라진 방법을 써서 재배하고 가공하고 요리해 먹는 방법을 말합니다.

화학물질

예를 들어 제2차 세계대전 이전에는 식품 재배에 살충제(화학적으로 만든 독극물)의 사용은 거의 없다시피 했습니다. 그런데 현재는 미국인들이 먹는 야채에 연간 10억 파운드(4억 5360만 kg) 이상의 살충제가 뿌려지고 있습니다. 그 10억 파운드 중 실제로 박멸하고자 하는 벌레에 접촉되는 것은 1% 미만입니다.

살충제를 처음으로 사용하기 시작했을 때에는 과일이나 야채의 껍질을 벗겨내면 화학 약품이 없어졌습니다. 그러나 지금은 식물의 조직에 흡수되는 화학 물질이 있어서 식물의 일부분이 되어 버리므로 이것을 없앤다는 것은 불가능한 일입니다.

살충제뿐만이 아닙니다. 오늘날의 농사에는 제초제(독극물)를 써서 잡초를 없애고 곰팡이 제거제를 써서 곰팡이를 죽이거나 자라는 것을 방지하고 있습니다. 소비자가 스스로 직접 재배하거나 유기농법으로 생산된 농작물을 구입하지 않는 한 이 독극물들은 피할 길이 없습니다.

"살충제는 인체의 면역체계를 손상시키고 면역체계에 커다란 부담을 준다. 손상의 결과는 급성으로 나타날 수도 있고 축적이 될 수도 있다. 독극물인 화학물질이 지방세포와 임파선에 저장되어 수십 년 동안을 몸 안에 남아 있게 된다. 이로 인하여 건강상의 문제는 오랜 세월을 두고 진행이 되므로 과학자들이 아직까지도 분명한 원인 파악을 못하고 있는 실정이다. 살충제의 가장 무서운 점은 면역체계를 약화시켜 항균력을 점진적으로 떨어뜨려 보통의 약한 감염에도 이겨내지 못하게 하는 데에 있다. 약화된 면역체계 때문에 일어나는 증상으로는 피부염, 어지러움증, 피로, 우울증, 빈혈, 잦은 감기와 발열 등이 있다."(유기농업 잡지:1988년 4월호 59쪽에서)

방부제

우리들의 할아버지와 할머니들이 자랄 때에 식품에 쓰이던 방부제는 소금과 식초뿐이었습니다. 요즈음에는 현대적인 식품제조 기술의 발달에 따라 화학적으로 만든 방부제와 함께 인공색소, 인공향료, 음식의 침전을 막는 안정제, 유화제 등이 들어 있지 않은 가공식품을 찾아보기가 어렵게 되었습니다.

대부분의 첨가제들이 동물실험 결과 유해한 것으로 밝혀졌습니다. 그러나 평균적으로 볼 때 미국인들은 1년에 자그마치 7파운드(약 3.2kg)가 넘는 양의 화학 독극물질들을 소비하고 있습니다. 현재 수천 가지의 화학물질들이 우리들이 먹는 음식물에 가해지고 있습니다. BHA, BHT, 질산나트륨, 아질산 나트륨, 프로피온 칼슘, EDTA, 적색소. 황색소 등 수도 없이 많습니다.

한 가지를 예로 들어 보겠습니다. 베아트리스 헌터(Beatrice Hunter)는 그의 저서 「식품첨가물과 건강」(Food Additives and Health)의 47-48쪽에 다음과 같이 쓰고 있습니다.

"BHT와 BHA로 인해 심한 알레르기 현상이 일어나고 있는데, 그뿐만 아니라 쇠약증과 무력증을 동반하는 만성천식, 발작, 피부물혹, 안구출혈, 얼굴과 손의 따가움, 극단적인 무력증, 피로, 수종, 홍통, 호흡곤란 등이 있다."

안전한 화학물질이라는 것은 있을 수 없습니다. 모든 화학물질은 몸에 독이 되고 인체 내에 들어가면 해로운 반응을 일으키는 것입니다.

대부분의 미국 사람들은 시중에서 팔리고 있는 식품이라면 으레 안전한 것으로 믿고 안심하고 사먹습니다. 그러나 절대로 그렇지 않습니다. 많은 사람들이 자신들이 먹고 마시는 음식과 질병을 전혀 연결지어 생각해 보지도 않는다는 것은 놀라운 일이지만, 사실입니다.

물

우리의 선조들은 우물물이나, 샘물을 마시고 살았는데 그 물은 원천적으로 순수했습니다. 오늘날에는 거의 모든 사람들이 수돗물을 마시고 있는데 이 물은 염소로 소독되고 불소가 첨가되어 있을 뿐 아니라 불순물이 많고 몸에 해로운 미네랄까지 녹아 있습니다.

오늘날의 거의 대부분의 우물물이나 샘에서 솟아나는 생수마저도 농업에 사용되는 화학 독극물이 스며들어 있고 공장에서 새어 나오거나 버려진 화학 쓰레기에서 방출되는 화학물질로 오염되어 있습니다. 물에 대한 이야기는 다른 장에서 더 자세히 설명하겠습니다.

우유

우유 또한 좋은 예가 됩니다. 나는 어렸을 때 고모네가 경영하는 농장에 자주 갔었습니다. 아침에 우유 짜기가 끝나면 젖소의 몸에서 갓 짜낸 지 몇 분도 채 안되는 신선하고 따뜻한 우유가 주전자에 담겨 아침 식탁에 바로 올라 왔습니다. 이 신선한 우유는 전혀 가공을 거치지 않은 것이었습니다.

요즘에는 우유를 짜자마자 온도를 식히기 위하여 커다란 저장 탱크로 보냅니다. 그 저장 탱크들은 트럭에 실려, 가공처리 공장으로 옮겨지는데 공장에 도착한 우유는 곧 살균이 됩니다. 살균은 최소한 화씨 160도 섭씨 71도의 열을 가합니다. 이 열 살균 과정을 거치면 우유 속에 들어 있는 모든 영양가치가 거의 대부분 파괴되어 버립니다. 그리고는 균질화 처리를 합니다. 크림이 위로 떠오르지 않도록 하기 위해서입니다. 마지막으로 그 우유에 콜타르에서 추출된 비타민을 첨가시킵니다. 이것은 가공공정에서 잃어버린 천연 비타민을 보충하기 위해서입니다. 이 우유가 플라스틱 통이나 왁스가 칠해진 마분지로 만든 종이박스, 경우에 따라서는 유리병에 담겨져서 가정으로 배달되고 사람들의 몸에 공급이 됩니다.

우유가 "칼슘의 보고"라고 우리는 배워 왔습니다. 그러나 대부분의 사람들은 살균(열처리) 과정에서 우유 속에 들어 있던 칼슘이 인체가 이용할 수 없는 형태로 바뀌어 버린다는 사실을 모르고 있습니다. 그 이유는 무엇입니까? 열은 가공되지 않은 생우유에 함유되어 있는 유기 칼슘을 무기 칼슘 형태로 바꾸어 버리기 때문입니다. 인체는 유기 미네랄만 쓸 수 있습니다.

소년기에 내가 충치로 심하게 고생을 한 일이 생각납니다. 담당 치과 의사는 부모님에게 우유를 더 먹이라는 처방을 내렸습니다. 물론 나의 부모는 그 지시를 그대로 따랐기 때문에 나는 살균 과정을 거친 우유를 많이 마셨습니다. 그러나 충치가 줄어들기는커녕 더 많아졌을 뿐입니다.

밀가루

제분업자들은 통밀을 가루로 만들 때 어떻게 작업합니까? 제일 먼저 가장 많은 영양가가 들어 있는 씨눈을 뺍니다. 그 까닭은 끈끈한 씨눈 때문에 기계가 엉망진창으로 망가지기 때문입니다. 씨눈 다음으로 밀기울을 벗겨내는 작업을 합니다. 밀기울이 섞여 있으면 밀가루가 때묻은 것처럼 얼룩져 보이기 때문입니다. 그런데 여기에서 떼낸 씨눈과 밀기울은 건강식품으로 포장되어 건강식품 가게에서 사람들에게 판매됩니다.

씨눈과 밀기울을 제거하고 남은 것만을 취하여 눈같이 희고 깨끗한 밀가루를 만들기 위해 표백을 합니다. 세탁용으로 쓰는 클로

락스와 거의 비슷한 표백제를 씁니다. 그 다음에는 콜타르에서 추출된 비타민들을 섞어 포장한 다음 아무런 의심을 하지 않는 일반 소비자들에게 영양 강화시킨 빵으로 만들어 판매하는 것입니다.

이 과정은 옛날 우리 조상들이 밀가루를 만들던 방법과는 완전히 판이하게 다른 것입니다. 여러분, 이러한 밀가루로 만든 빵과 과자류에 영양가가 제대로 들어 있을 것이라고 기대할 수 있겠습니까? 다음에 빵을 사게 되면 빵 포장에 붙여진 영양 분석표를 한 번 읽어보시기 바랍니다.

기름과 지방

제조 방법이 바뀐 품목이 있다면 기름과 지방도 빼놓을 수 없을 것입니다. 미국에서 지나간 세대들이 주로 쓰던 기름과 지방은 버터와 라아드였습니다. 과거에 버터는 살균이 안 된 생우유로 만들었는데 짠 맛이 가미되지 않았습니다. 최근에는 많은 사람들이 라아드(돼지기름)가 인체에 매우 큰 해를 끼치는 물질임을 알게 되었습니다.

우리는 현대적 식품 가공기술을 통하여 버터 대체식품을 만들어 냈습니다. 이 대체식품은 보통 값이 저렴하고 버터보다 몸에 좋은 것이라고 선전되어 왔습니다. 그것이 마아가린입니다. 마아가린은 먼저 식용유를 고온으로 가열하여 수소가스를 투입시키고 단단하게 만듭니다. 다음으로 표백을 하고 여과기로 걸러내며, 냄새를 없애는 작업공정을 거쳐서 만들어집니다. 이것이 무미무취한 인공지방인 마아가린입니다.

이 제조공정은 다중불포화 지방을 완전한 포화지방으로 변화시켜 버립니다. 그런 종류의 지방이야말로 콜레스테롤 수치를 높여 동맥경화증을 일으키고 나아가서는 심장마비, 뇌졸중과 암을 일으키는 요인이 됩니다. 이 기막힌 상품은 라아드와 아주 흡사하여, 우리 몸이 전혀 소화시킬 수 없는 물질입니다.

마아가린으로 제조되는 것 말고도 수소 처리된 기름과 지방은 쇼트닝 재료로 쓰이며, 빵과 과자, 튀김, 피넛버터를 만드는 등 널리 쓰여지고 있습니다. 많은 영양전문가들이 미국 시장에서 소위 식품이라고 불리는 것들 중에서 마아가린이 가장 위험한 물질이라고 생각하고 있습니다.

육류

옛날 사람들이 소를 길렀던 방법이 현대에 들어와서 무엇인가 달라졌을까요? 그 대답은 예스입니다. 온갖 종류의 약품들이 가축들이 먹는 사료와 마실 물에 투입되고 있습니다. 즉, 병들지 않게 하려고 항생제를 타서 먹이고 성장을 촉진시키기 위해 호르몬제를 타먹입니다.

햇빛을 보지 못하고 자란 닭들이 낳은 계란들이 현재 시중에서 팔리고 있습니다. 닭들은 움직일 수도 없이 비좁아 터진 철제 양계장에서 사육되고 있습니다. 그렇게 해야 모든 에너지가 계란의 생산 증진에 사용되어지기 때문입니다. 또한 사료와 물은 콘베이어에 의해 자동적으로 공급되는데 그 물 속에는 항생물질을 포함한 각종 화학 약품들이 들어 있습니다.

이러한 사육법은 선조들이 해왔던 것과는 아주 거리가 멉니다. 옛날에는 닭들을 마당에 내놓아 키웠기 때문에 풀을 뜯어 먹고, 벌레나 지렁이들을 먹고 햇볕을 듬뿍 받으면서 수탉과 함께 자랐습니다. 따라서 이런 닭들이 낳은 계란에는 영양도 많았습니다.

이외에도 많은 사례가 있지만 생각이 깊으신 독자라면 예전처럼 우리 할아버지들이 길러서 먹었던 재배방법으로 생산된 식품이 시장에 단 하나도 나와 있지 않다는 것을 분명히 아시리라고 믿습니다.

패스트 푸드

우리는 정신이 없을 정도로 하루 하루가 너무도 바쁘게 돌아가는 시대에 살고 있습니다. 주부들이 너무 바쁘기 때문에 전통적인 요리법으로 식탁을 차릴 수 없게 되었습니다. 따라서 패스트 푸드 음식점이 동네 어귀마다 생겨났습니다. 전자렌지를 이용하여 편리하게 먹을 수 있는 조리 식품들도 대중화되었습니다.

대부분의 주부들에게 이런 편의 식품이 주부들을 부엌 노동으로부터 해방시키는 축복으로 여겨지고 환영받고 있습니다. 그러나 이런 편의 식품들이 과연 축복일까요? 아니면 오늘날 집집마다 겪고 있는 여러 가지 종류의 육체적 질병의 원인일까요?

이런 편의 식품이 일으키는 문제를 이해하시기 쉽도록 한 가지만 예를 들어 보겠습니다. 깡통이나 병에 포장된 식품이나 대부분의 냉동 과일 주스들은 보존기간을 늘리고 상하지 않게 하기 위하여 높은 온도로 가열합니다. 이렇게 말씀드리면 "글쎄 이런 주스들이 높은 온도로 가열된 것이라고 해서 뭐가 어떻다는 거야? 무슨 대단한 잘못이라도 있다는 건가?"라고 대수롭지 않게 여길 분들이 계실 것입니다.

그런데 만약 육체적으로 강하고 건강하기를 원하는 사람들에게는 이것이 정말 "대단한 잘못"이라는 것을 보여드리기 위하여, 오렌지 주스를 일례로 들어서 좀더 자세히 알아보도록 하겠습니다.

오렌지 주스

냉동 오렌지주스를 농축해 내기 위해서는 우선 오렌지에서 주스를 짜내어야 합니다. 그리고 나서 수분을 최대한 **빼냅니다**. 수분을 제거하는 방법으로는 끓이거나 분무식 증발방식을 쓰기도 합니다. 이 두 과정 모두 주스에서 수분을 없애고 주스를 고농도로 농축시키기 위하여 고열을 이용합니다. 이렇게 농축된 주스를 냉동시켜 저장하였다가 도매상들을 통하여 소매점으로 팝니다. 소비자들은 이 농축주스를 구입하여 원래의 주스에서 없어진 수분을 보충하여 마시게 됩니다. 그런데 이때 사용하는 물이 주로 수돗물입니다.

이것이 바로 문제입니다. 오렌지주스에 열을 가하게 되면 수분만 증발하는 것이 아닙니다. 신선한 주스 속에 있던 100%의 효소, 80% 이상의 비타민, 100%의 유기미네랄이 동시에 없어지게 되는 것입니다. 즉, 이런 모든 가공 과정을 거침에 따라 신선한 주스에 있던 거의 모든 영양이 파괴되어 버립니다. 이렇게 파괴가 되어있는 주스에 수돗물을 붓는데 그 물의 질은 원래 있었던 오렌지에 담겨 있던 물과 비교할 수 없이 떨어집니다.

오늘날 우리는 쉽고 **빠르고** 편리하게 사는 것을 당연한 것으로 받아들이도록 교육받아 왔습니다. 그래서 여러 가지 제조 공정과정을 거치는 동안 식품들이 원래 가지고 있던 가치로부터 점점 멀어지게 된 것은 모르도록 훈련되었습니다.

비타민

몇십 년 전만 해도 "비타민"이라고 말하면 우리의 선조들은 "그 것이 무엇이지?" 하고 물었을 것입니다. 앞에서 설명한 바와 같이 각 식품회사들은 식품의 보존기간을 늘리고 썩거나 변질되는 것을 막기 위해서 식품의 영양가를 대부분 파괴시키고 있습니다. 거기에 여러 가지 물질을 첨가하여 맛이 더 좋고 보기가 좋으며 냄새가 더 좋게 만듭니다. 그리고 장기간 보존할 수 있도록 방부제를 잔뜩 집어 넣습니다. 그렇게 해야만 판매량을 늘리고 이윤을 많이 얻을 수 있기 때문입니다.

식품회사들은 가공과정에서 영양을 거의 상실한 식품에 잃은 것을 보충하려는 노력으로 가공 비타민들을 첨가합니다. 그런데 그 것을 절대로 믿지 마십시오. 결코 잃은 영양을 원래상태로 보충할 수 없습니다. 죽은 가공품으로 결코 살아 있는 원래의 식품에 들어 있던 영양을 대체시킬 수가 없습니다.

가솔린

앞장에서도 말했듯이, 오늘날 대부분의 기독교인들이 인체 내로 들어가는 음식보다 자신의 자동차에 들어가는 가솔린의 질에 대하여 더 신경을 쓰고 있습니다.

물론 나도 그러한 사람들 중의 하나였음을 시인합니다. 물론 스스로 내 몸을 의도적으로 파괴하려고 했던 것은 아닙니다. 신체에 관심이 없어서가 아니라 그저 그 방면에 대하여 잘 모르고 있었습니다. 정말이지 그 주제에 대하여 전혀 문외한이었습니다. 나는 관습, 즉 변형된 관습의 피해자였습니다. 오늘날, 기독교인들의 질병과 신체적 이상은 바로 이러한 원인에서 찾아볼 수가 있다고 생각합니다.

성경의 창세기 6장 13절을 보면 하나님이 스스로 만드신 창조물을 모두 멸하셨던 일을 읽을 수가 있습니다. 그 이유는 인간들이 지상에서 하나님의 가르침을 타락시켰기 때문입니다, 인간들이 하나님의 의도와 달리 모든 것들을 변형시켰던 것입니다.

오늘날 우리들이 먹는 음식을 생각해 봅시다. 하나님이 만들고 의도하신 대로 따르지 않고 모두 변형시키고 있습니다. 식물을 재배하면서 독한 농약을 뿌리고 있고 가공하면서 영양을 파괴하고 있으며 독성이 든 화학물질(독극물)을 첨가하고 있습니다. 그러면서도 몸에 병이 들면 하나님을 원망합니다.

1. 흔히 기독교인들은 음식과 영양과 생활방식이 건강과 밀접한 관계가 있다는 것을 모르고 있습니다.

2. 우리 몸에 생기는 질병의 대부분이 전통적인 식습관과 조리법 때문에 생깁니다.

3. 변형된 관습은 하나님이 의도하신 대로 식품을 소비하지 않고 변형시킴으로써 질병을 초래하는 중요한 역할을 담당하였습니다.

4. 농작물이 재배되는 과정에서 화학성 독물이 가해지고 있습니다.

5. 우리가 섭취하는 식품들이 제조과정을 통하여 화학성 독물이 첨가되어집니다.

6. 우리가 마시는 식수에도 해로운 물질들이 가해집니다.

7. 우유는 가공되는 과정에서 거의 모든 영양이 파괴됩니다.

8. 밀가루는 가공되는 과정에서 영양가가 파괴되고 있을 뿐만 아니라, 표백되고 인공 영양물질들이 첨가되고 있습니다.

9. 많은 영양학자들은 마아가린이 미국 내의 식품가게에서 살 수 있는 식품 중에서 가장 위험한 음식이라고 믿고 있습니다.

10. 육류와 계란은 천연 그대로의 상태가 아닙니다.

11. 패스트 푸드와 편리식은 보통 신선한 것에서 찾아볼 수 있는 진짜 영양이 대부분 제거되어 있습니다.

12. 거의 육천 년 전에 하나님이 창조물을 멸하셨는데, 그 이유는 사람들이 하나님이 세우신 목적을 따르지 않고 그것을 변조시켰기 때문입니다.

약과
현대의학

"열두 해를 혈루증으로 앓는 한 여자가 있어
많은 의원에게 많은 괴로움을 받았고
있던 것도 다 허비하였으되 아무 효험이 없고
도리어 더 중하여졌던 차에"

(막 5:25-26)

Chapter 5

Chapter

5

1975년 1월 10일 CBS 뉴스 시간에 댄 레더(Dan Rather)는 1974년에 에드워드 케네디 의원이 의장으로 주재한 가운데 약물과 그 안전성의 문제를 주제로 청문회가 열렸다고 보도했습니다. 그때 의장이었던 케네디 의원의 말을 들어 봅시다.

"약물과 그 안전성 문제는 국민 건강에 대단히 심각한 문제입니다. 이 문제는 대부분의 국민들이 일반적으로 인식조차 하지 못하고 있으며, 이로 인해 매년 40,000명에서 120,000명 정도의 사람들이 죽음을 맞고 있는데도 사실 우리들은 그 숫자가 얼마나 되는지 정확히 모르고 있습니다. 어떤 다른 연구 보고서에 따르면 사망자의 수는 위의 숫자를 훨씬 더 웃돌 것이라고 합니다. 믿을 만한 연구들이 우리 위원회에 보고한 추정치에 따르면 미국 소비자들은 그들이 사용한 약물의 부작용 때문에 쓸데없이 20억 달러 이상을 쓰고 있다고 합니다."

기독 형제자매 여러분, 위와 같은 사실은 1974년도에 이미 공개된 숫자입니다. 그후 오늘에 이르기까지 문제는 더욱 악화되었습니다. 그리고 이것은 전문 의료인들에 의하여 처방되는 소위 합법적인 의약품들에 한정된 것이라는 사실에 주목하시기 바랍니다.

주술사

아직도 지구의 어느 쪽에서는 인체의 이상이나 질병을 귀신의 장난이라고 생각하는 사람들이 있습니다. 그래서 그들 중 한 사람이 병에 들면 "주술사" 또는 "마법사"가 와서 알 수 없는 재료로 만든 혼합음료를 만들어 병자의 입 안으로 밀어 넣고 병자가 낫기를 기원합니다. 우리들은 그런 짓거리를 참으로 미개하고 원시적이라고 생각합니다. 그러면 소위 문명화된 세대라고 자부하는 우리는 이런 방식을 비웃을 만큼 진보했다고 말할 수 있겠습니까?

오늘날 우리들도 주변에 환자가 생기면 "의사"라고 불리어지는 사람을 찾아 갑니다. 그러면 이 의사가 어디가 아파서 왔느냐고 묻습니다. 그리고 몇 가지 검사를 받게 한 후 환자가 도대체 알아볼 수 없는 말로 종이에 무엇인가를 끄적여 줍니다. 그것을 처방전이라고 부릅니다.

환자는 그 종이를 받아 가지고 약국에 갑니다. 거기에 가면 약사들이 그 종이를 받아서 지시된 대로 여러 가지의 약들을 조제하여 병에 넣어 주거나 이미 조제가 되어 있는 약을 줍니다. 그러면 환자가 돈을 지불합니다. 환자는 이렇게 여러 가지로 배합된 알지 못하는 물질들(약)을 삼키면서 그것이 자신의 증세를 없애줄 것이라고 기대를 합니다. 이 얼마나 큰 믿음인지 한번 생각해 보시기 바랍니다!

만약 의사가 그 환자의 증세를 진정시키는 약을 찾을 수 없으면 환자를 집으로 돌려보냅니다. 그리고 그 환자를 불치병자로 분류하기도 하고 어떤 때는 그 증세가 신경성이라고 말하기도 합니다. 문명사회에서 살고 있다고 자부하는 우리들이 "주술사"나 "마법사"의 시대에서 과연 멀리 벗어났다고 말할 수 있겠습니까?

우리는 약물 의존적 사회에서 살고 있다

우리는 약물 의존적 사회에서 살고 있습니다. 우리의 식수는 염소와 불소(플루오르화 나트륨)라는 약물로 처리되어 있습니다. 염소는 표백제입니다. 불소는 바퀴벌레와 쥐를 죽이는 약으로 쓰이고 있습니다. 물 속에 들어 있는 염소의 양이 많으면 냄새를 맡을 수가 있습니다. 이 때에 그 염소의 양은 우리의 장 속에 있는 유익 균들을 모조리 죽일 정도가 됩니다. 그 결과로, 그 유익 균들이 만들어

내는 여러 가지 비타민들을 공급받지 못하게 됩니다. 거기에는 비타민 B-12도 포함이 됩니다.

현재 우리들의 음식물은 7,000 종류가 넘는 화학제품들, 아질산나트륨, 질산나트륨, BHA, BHT, EDTA, 방부제, 인공감미료, 인공색소 등으로 칠갑되어 있습니다. 매년 미국에서 약 10억 파운드나 되는 화학제품들이 소비되고 있는데 이것은 남녀노소 구별 없이, 모든 국민들이 한 사람당 일 년에 7파운드씩을 소비하는 셈입니다.

그러고도 우리는 병이 나면 의사를 찾아갑니다. 우리가 마시는 물에 들어있는 약물 때문에 병이 나면, 또 생명을 잃어버린 음식물이나 화학약품이 잔뜩 들어 있는 소위 식료품을 먹고 병에 들면 우리들은 의사를 찾아갑니다. 약물을 마음대로 처방할 수 있는 면허증을 갖고 있는 의사들은 또 다른 약물들을 투여할 처방전을 만들어서 우리에게 줍니다. 우리는 그 처방전을 가지고 약사(약물을 섞고, 만들고, 폐기처분할 수 있는 자: 웹스터 사전)에게 가지고 갑니다. 약사는 약을 지어 환자에게 팝니다. 환자의 병이 어쩌면 틀림없이 약물처리된 물이나 음식을 먹어서 발생했을 터인데도 환자는 다시 더많은 약물을 먹게 됩니다. 이 얼마나 딱하고 어리석은 일들입니까? 그러고도 우리들이 지식인들이라고 할 수 있겠습니까?

아스피린

미국 국민들은 해마다 160억 개가 넘는 아스피린을 먹고 있습니다. 아스피린은 해마다 많은 사람들을 합법적으로 죽이는 약 중의 하나입니다. 이 약은 처방전이 필요 없는 약으로서 아직까지 아무도 병을 낫게 하지는 못한 약입니다.

그러나 이 약은 하나님이 허락하신 인체의 선천적인 경보신호가 나타나지 못하게 은닉해 버립니다.

한 예로 두통은 인체 내의 어느 곳에 문제가 있음을 신호하는 것입니다. 그런데 미국인들은 이 경보신호에 대해 어떻게 대처하고 있습니까? 그렇습니다. 그 신호를 무시한 채 아스피린을 한 알이나 두 알, 심하면 세 알을 먹습니다. 그러면 이렇게 몸에 들어간 아스피린은 인체에 어떤 영향을 미칩니까? 아스피린은 인체를 취하게 하여 통증을 일시적으로 잊게 합니다. 결국 인체의 경보신호가 정지하게 됩니다.

그러면 머리가 아프다거나 몸에 이상이 있을 때에 우리는 어떻게 해야 할까요? 우선 머리가 아프거나 다른 부위에 통증이 있으면 그 원인을 찾아내어 그것을 제거시켜야 합니다.

두통이든 다른 부위의 통증이든 그 원인을 제거시키고 나면 통증이 사라질 것입니다. 그리고 무엇보다도 그 두통이나 질병을 일으키게 한 원인을 알아서 멀리 하고 사는 한, 다시 찾아오지 않을 것입니다.

기독교인들도 약을 좋아한다

기독교인들도 비기독교인들과 마찬가지로 약물을 손에 들고 살다시피 한다는 것은 서글프지만 사실입니다. 기독교인들도 머리가 아프면 약을 찾고, 불면증에 시달려도 약을 찾습니다. 피임하고 싶을 때도 약을 쓰고, 정서가 불안해지면 신경안정제를 찾습니다. 지나치게 활발하고 산만한 아이에게도 신경안정의 명목으로 약물을 먹이는데, 사실은 그 아이가 먹고 마시는 음식과 음료에 들어있는 약물이 그 아이에게 과잉행동을 일으키는 원인일 수도 있습니다.

기독교인들에게도 약물 복용이 당연한 것으로 잘못 인식되어 버렸습니다. 그것은 약물이 어디서나 널리 사용되고 홍보되고 있는 데다가 이미 우리가 사는 사회의 중요한 한 요소가 되어 버렸기 때문입니다. 기독교인들은 때때로 "좋은 약물"과 "나쁜 약물"을 가려내어 차별하려고 합니다. 이것은 그들이 약물이 무엇인지 그것들이 인체에 어떤 영향을 끼치는지 모르기 때문일 것으로 여겨집니다. 한편으로는 성경에 약에 대한 어떤 말씀이 들어 있는지 아마 잘 모르기 때문이기도 할 것입니다.

약이란 무엇인가

웹스터 사전에 보면 "약이란 음식이 아니면서 인체의 구조나 기능에 영향을 줄 목적으로 만들어진 어떤 물질"이라고 정의하고 있습니다.

우리들은 기독교인으로서 약물의 남용과 그 속임수에 대하여 항상 하나님께서 경고하고 계신다는 것을 똑바로 인식해야 합니다. 성경에 나오는 마술(Soceries)이라는 말은 그리스어의 조제(Phar-ma-kia)에서 나온 말인데 오늘날 영어로 말하면 약물(Drug)입니다. 요한계시록 18장 23절에 보면 "네 복술(약물)을 인하여 만국이 미혹되었도다"고 말씀하십니다.

오늘날 대부분의 기독교인들은 약에 관한 한 계속 속임을 당해 오고 있습니다. 그들은 헤로인(heroin), 코카인(cocaine), 크랙(crack), 혹은 마리화나(marijuana) 같은 약물에 강력하고 담대하게 저항합니다. 그리고 맥주나 와인, 위스키 등 술을 마심으로 알코올이라는 약물이 그들의 몸에 들어오는 것을 또한 거부합니다. 그리고 대부분의 기독교인들은 담배를 멀리 합니다. 그리하여 니코틴이라는 약물이 담배를 통하여 인체에 침입하지 못하게 합니다.

왜 기독교인들은 이것들을 멀리 하는 것입니까? 이런 약물들이 인체에 해롭기도 하고 또 하나님의 뜻에 맞지 않기 때문이라고 알고 있고 또 아이들에게도 그렇게 가르칩니다. 이와 같은 약물들의 사용을 반대하도록 주일학교에서도 가르치고 또 모든 교회의 강단에서도 설교합니다.

그러나 아직도 기독교인들이 아스피린, 수면제, 신경안정제 등을 쉽게 사용하고 있습니다. 의사가 처방해 주는 것이면 어떤 약이든지 한순간의 주저도 없이 기꺼이 받아 먹습니다. 크리스천 형제 자매 여러분, 이것들도 약물입니다. 우리가 비난하는 코카인이나 알코올 혹은 니코틴만큼 이러한 물질들도 인체에 해롭고 하나님의 말씀에 상반되는 것임을 알아야 합니다.

모든 약물은 몸에 이물질이며 독이 된다

모든 약물들은 해롭고 인체에 독성을 나타냅니다. 하나님은 우리들에게 아름다운 몸을 창조하여 주셨으며, 그 몸 안으로 이물질(약물)이 들어가는 것을 바라지 않으셨습니다. 만약 이러한 물질이 몸 속으로 들어오면, 우리의 몸은 모든 자동방어 장치를 발동하여 이 낯선 독성물질들을 몸 밖으로 쓸어내려고 있는 힘을 총동원합니다.

일반 감기

일반 감기를 예로 들어 봅시다. 현대의학은 납세자가 부담하는 수억 달러를 들여 감기의 원인과 치료법을 찾으려고 애를 쓰고 있습니다. 그러나 그들은 아직까지 찾지 못했으며 앞으로도 결코 이를 찾지 못할 것입니다. 왜입니까? 감기의 원인은 그들이 찾고 있는 세균이나 바이러스가 아니기 때문입니다. 그것은 그들이 엉뚱한 곳에서 이유를 찾고 있기 때문입니다.

감기는 질병이 아니라 전지전능하신 하나님이 창조하신 인체가 체내에 축적된 더러운 노폐물들을 몸 밖으로 쓸어내려는 경이로운 자체정화과정일 따름이기 때문입니다.

그런데 의료계의 사람들은 우리가 감기에 걸렸을 때 어떻게 합니까? 감기 증세만 중지시키려고 하지 않습니까? 아스피린(약물)을 먹여 두통과 열을 제거하라고 합니다. 항히스타민제(약물)을 복용하여 막힌 코를 뚫으라고 합니다. 그런 식으로 우리 몸은 약물에 젖습니다. 경보신호인 두통이 사라져 버립니다. 사실은 체내의 독을 쏟아내는 작업을 하고 있는 것이 흐르는 콧물인데도 이것을 막아 버립니다. 이 결과를 보고 환자는 "하나님 감사합니다. 내 감기가 나았습니다"라고 합니다.

그러나 그 사람이 모르고 있는 것이 있습니다. 콧물을 따라 몸 밖으로 나오려던 독소가 아직도 체내에 남아 있다는 것과 또다시 나오려고 시도할 것이라는 사실입니다. 그 다음의 시도가 또 다른 감기로 나타날 수도 있습니다. 그러나 그 다음엔 어쩌면 암처럼 좀 더 심각한 질병으로 나타날지도 모를 일입니다.

많은 기독교인들이 의식적으로 또는 자발적으로 자기 몸을 중독시키려고 하지는 않을 것입니다. 이 독극물들(약물)이 의약품이라고 불리우니까 몸에 받아들여도 되는 물질로 여기고 아무리 맛이 써도, 또 몸이 치를 떨고 거부하여도 그저 복용하는 것입니다.

아이들만이 이런 약물들의 중독성을 본능적으로 알고 거부하는 것 같습니다. 그렇기 때문에 어른들은 어린아이들에게 코를 잡고 강제로 약을 먹이거나 약을 먹이기 위하여 약에다 설탕(또 다른 종류의 약물)을 바릅니다.

결 과

기독교인들을 포함하여 우리 모두가 약을 대량으로 복용함으로써 어떤 결과가 초래되었을까요? 로데일 프레스지(Rodale Press)에 의하면 매년 적어도 20만 명의 미국인들이 의사들의 손에 의해 죽어간다고 보도했습니다. 또 내셔날 인콰이어리지(The National Enquirer)는 매년 450여만 명의 미국인들이 의사가 처방한 약물에 심각하게 중독되어서 입원까지 하게 된다고 보도하고 있습니다.

본 장의 앞부분에서 언급한 바 있는 댄 레더(Dan Rather)의 보고에 따르면 의사들의 이와 같은 형태의 잘못으로 매년 4만명 이상이 죽는다고 합니다. 그런데 많은 사람들은 그 숫자가 120,000명이 넘을 것으로 믿고 있습니다. 모든 약물과 의약품들은 본래 독성이 있습니다. 약의 부작용이나 역작용이라는 말도 약물의 독성효과나 그 반응을 그저 다르게 표현한 말일 뿐이라는 것을 우리는 기억해야 할 것입니다.

우리는 약물로 건강해질 수가 없다

인간은 약물로 건강해질 수 없습니다. 약물은 문제를 해결하기보다는 문제를 일으킬 뿐입니다. 환자가 건강을 찾기 위해서는 먼저 체내에 쌓인 모든 약물이나 독성물질들을 몰아내야 합니다. 그리고 건강한 몸을 세워나갈 적절한 자재들을 공급하여 몸이 스스로 정화시키고 보수하고 재건할 수 있게 해야 합니다.

건강을 약물로 되찾을 수는 없습니다. 약물은 우리 몸의 세포를 재생시키지 못합니다. 우리 몸은 건강한 활동이 따르면 스스로 치유합니다. 손을 베어본 적이 있지 않습니까? 그 아프고 쓰리던 상처도 며칠이 지나면 바깥으로 딱지가 지고 안으로는 새 살이 돋아납니다. 그와 같이 환경이 갖추어지면 인체는 스스로 내부도 고쳐

치유시킵니다.

어떤 의사의 발언

의료분쟁에 관한 한 세계적인 권위자로서 오랫동안 존경받아온 영국의 위장 외과 의사 윌리암 A. 래인경(Sir William A. Lane)이 존스 홉킨스 의과대학에서 행한 강의에서 다음과 같이 말했습니다.

"여러분 나는 절대 암에 걸려서는 죽지 않습니다. 그 이유는 내 몸에 암이 자라지 못하도록 철저히 예방하고 있기 때문입니다. 암은 우리가 먹는 음식에서 발생하는 독성으로 생깁니다. 암을 예방하기 위하여 우리가 할 일은 싱싱한 과일과 야채를 먹는 것입니다. 암 예방을 위해서 첫째는 우리 몸에 좋은 영양을 공급해야 하고, 둘째는 노폐물을 쉽게 배설시켜야 합니다. 우리는 지금까지 세균에 대하여 연구해 왔지만 사실은 식사법과 배설에 대하여 연구를 했어야 합니다. 세계는 지금 잘못된 방향으로 가고 있습니다. 해답은 항상 우리 안에 있어 왔습니다. 인체에 쌓인 독을 제거하고 적절한 음식을 먹으면 기적이 일어납니다. 이와 같이 문제를 풀어 가면 아무도 암 따위에는 걸리지 않습니다. 그러면 누가 암을 해결하려고 노력하겠습니까?"

래인 박사는 참으로 고마운 말씀을 주셨습니다.

1. 우리는 약물 의존적인 사회에 살고 있습니다. 심지어 식수와 음식물에도 약물이 섞여 있습니다.

2. 우리는 질병을 치료하기 위해서 약물을 복용합니다. 그런데 그 질병은 따지고 보면, 생명력이 제거되고, 가공처리되고, 약물처리된 물질들을 우리 몸에 받아들인 결과로 초래된 것입니다.

3. 웹스터 사전에 의하면 약물이란 음식이 아니면서 인체의 구조와 기능에 영향을 줄 목적으로 만들어진 물질을 일컫는다고 정의되어 있습니다.

4. 약물의 남용과 기만에 대하여 하나님은 성경을 통하여 경고하고 계십니다.

5. 모든 약물은 인체에 독을 줄 뿐입니다.

6. 약물로는 건강해질 수 없습니다.

7. 건강은 인체의 모든 조직에 들어 있는 독을 제거시킬 수 있도록, 또 새롭고, 살아 있으며, 튼튼하고, 원기 왕성한 세포들을 재생시킬 수 있도록 적절한 자재를 공급할 때에만 얻어집니다.

8. 하나님은 인체에 스스로 치유할 수 있는 능력을 주셨습니다. 기회가 주어지면 인체는 스스로 치유하게 되어 있습니다.

기타의
약물들

Chapter **6**

Chapter

6

이 장에서는 질병을 일으키게 하는 원인으로서의 약물이 가진 부작용에 관해 더 깊이 파헤쳐 보도록 하겠습니다. 여기에서 말하는 약물은 모두 법으로 허용된 것들로서 의사의 처방 없이도 어디서든 손쉽게 구입이 가능하고 기독교인들이 통상적으로 이용하고 있는 것들입니다.

이렇게 합법적이고 처방이 필요없는 약물에 대한 고찰에 들어가기 앞서서 "약이란 음식이 아니면서 인체의 조직이나 기능에 영향을 주는 어떤 물질"이라고 정의한 웹스터 사전의 말을 기억해 둡시다.

이 장에서 말하는 모든 약물들은 음식물이 아닌데도 독자들 대부분은 그것들을 약물로 여기지 않고 있을 것입니다. 또 인체의 기능이나 조직에 어떤 영향을 주기 위하여 이러한 약물을 이용하는 것도 아닐 것입니다. 그럼에도 불구하고 의도적이든지 아니든지, 알고 사용하였든지 모르고 사용하였든지 간에 약물이라고 하는 것들은 모두 인체의 조직과 기능에 영향을 줍니다.

우선 기독교인들이 이미 약물이라고 알고 있는 물질에 대하여 설명하는 것으로 이야기를 풀어 갈까 합니다. 그런 다음 일반 독자들이 읽어서 놀랄 수밖에 없는 여러 가지의 약물들에 대하여 말씀드리겠습니다. 대부분 기독교인들이 그것들을 약으로 인식하고 있지 않았기 때문에 놀라게 될 것입니다.

알코올

"포도주는 거만케 하는 것이요 독주는 떠들게 하는 것이라 무릇 이에 미혹되는 자에게는 지혜가 없느니라"(잠 20:1).

"이것이 마침내 뱀같이 물 것이요 독사같이 쏠 것이며"(잠 23:32)

대부분의 기독교인들은 사람들을 불구로 만들고 삶을 파괴시키는 물질로 알코올을 인식하고 있습니다. 이 나라에서는 해마다 25,000여명의 사람들이 고속도로상에서 음주 운전으로 인하여 죽어가고 있습니다. 그런가 하면 수만 명이 넘는 사람들이 남은 여생을 불구로 고생하면서 살아갑니다. 그로 인해 수많은 가정이 파괴되고 이혼하게 되며 배우자와 아이들이 죄없이 시달림을 받게 됩니다.

그럼에도 불구하고, 이 마취성 습관성 약물은 이 위대한 나라의 모든 도시와 지방에서 법적으로 허가된 음료입니다. 사회를 파괴시키는 약물이라는 증거가 많이 있는데도 그렇습니다. 여기에서 우리들은 알코올이라는 음료를 다른 측면에서 탐구해 보고 그것이 인체에 어떠한 영향을 미치는가를 알아보도록 합시다.

알코올, 치명적인 독성 약물

알코올 음료도 처음에는 약물이 아닌 천연 액체로 시작합니다. 만약 이 액체를 천연 그대로 마시면 인체의 세포에 좋은 영향을 줍니다. 포도주스가 그 대표적인 예라고 할 수 있습니다. 그러나 이 천연액체를 알코올로 바꿀 때 발효라는 과정을 거치면서 문제가 파생하게 됩니다. 즉, 박테리아가 활발하게 활동하면서 이 천연상태의 액체가 파괴되어 부패하게 되는 것입니다.

이 발효의 마지막 과정을 거친 물질이 알코올입니다. 이들 알코올이 맥주, 포도주, 또는 리커라는 이름으로 시판되고 있습니다. 여기에서 대부분의 사람들이 잘 모르고 있는 사실이 있습니다. 알코올은 그 형태가 어떻게 되어 있든지, 어떻게 불리어지든지, 그리고 어떻게 법적으로 판매가 이루어지던지 간에 알코올은 치명적인 독성 물질이라는 사실입니다.

알코올이 인체에 미치는 영향

알코올이 인체 내로 들어가면 우선 두뇌의 활동에 영향을 주어 평소에 하지 않던 비이성적인 행동도 서슴지 않고 저지르게 할 뿐만 아니라 더 나아가서는 체내를 돌면서 세포막과 조직에 회복할 수 없는 막대한 손상을 입힙니다. 사실 종국에는 간까지 황폐화시키면서 체세포들을 파괴하게 됩니다.

만약 사람들이 알코올을 상습적으로 일정기간 이상을 마시면 수많은 간세포가 죽고 그 자리를 흉터 조직이 메꾸게 됩니다. 상습적인 음주가 장기화되면 간의 부피는 점점 확대되다가 줄어들면서 그 기능을 상실하게 됩니다. 간의 기능이 이러한 상태에 이르면 회복이 어려워지면서 결국은 죽음을 맞이하게 되는 것입니다.

그러므로 알코올 음료를 마시는 것은 반 성경적입니다. 뿐만 아니라 알코올은 비이성적으로 행동을 하게 하는 마약성의 약물이며, 고속도로에서의 살인자인 동시에 가정파괴의 주범이며, 학대와 이혼의 주 원인이 됩니다. 그리고 술을 마시는 사람은 알코올이 인체의 세포를 말 그대로 파괴하기 때문에 자기 스스로를 서서히 죽여가고 있는 것입니다.

담 배

많은 종교 단체들과 교회에서 금연에 관한 교육과 설교를 하고 있습니다. 그럼에도 불구하고 많은 기독교인들이 흡연을 하고 있다는 것은 알려진 사실입니다. 이것을 증명하는 좋은 예로서 어떤 교회든지 예배가 끝난 후 교회정문 밖이나 주차장쪽으로 나가 보면 많은 신도들이 참지 못하고 급히 담배에 불을 붙이고 있는 것을 보게 될 것입니다.

왜 그들은 그렇게 필사적으로 달려나가서 담뱃불을 붙이는 것일까요? 이 사람들은 니코틴이라는 독물질에 중독이 되어 있기 때문입니다. 그들은 글자 그대로 약물 중독자들이어서 인체가 부르짖는 보상요구에 그렇게 반응하는 것입니다.

담배를 피우는 신발

어떤 기독교인들은 자신들의 흡연 사실을 의식적으로 감추려 합니다. 몇해 전 어느 시골 교회에서 목사로 지낼 때 일어났던 일을 나는 잊을 수가 없습니다.

그 교회에는 내가 목사로 부임받아 갔을 때 안수집사로 봉사하는 집사가 한 사람 있었습니다. 그는 여송연을 즐겨 피우는 사람이었는데 내 앞에서는 담배를 피우지 않으려고 언제나 조심을 했습니다. 하지만 여송연의 냄새가 언제나 그의 옷깃에서 솔솔 풍겨 나와서 그가 담배를 피우고 있다는 것을 눈치로 알 수가 있었습니다.

어느 날 그 사람이 몸이 불편하여 교회에 나오지 못한다는 소식을 접한 나는 그의 집을 방문하게 되었습니다. 문을 두드리자, 안에서 "들어오세요" 하는 소리가 들렸습니다. 방문자가 목사인 줄을 몰랐던 그는 한 손에 길다란 여송연을 들고 문 앞에 서서 나를 맞이했습니다. 나를 보자 무척이나 놀라서 아직도 타고 있는 여송연을 현관 입구에 놓인 슬리퍼 속에다 재빨리 던져 넣었습니다. 슬리퍼 속에서 연기가 솔솔 새어 나오는 것을 보고 나는 슬리퍼까지 타지 않도록 서둘러 방문을 마치고 그 집을 나오고 말았습니다. 아마 그는 더 당황했을 것입니다.

지금도 그 생각을 하면 절로 터져 나오는 웃음을 참을 수가 없습니다. 그렇지만 한 편으로는 애처로운 마음을 감출 수가 없습니다. 니코틴이라는 약물에 노예가 되어 있는 사람들을 본다는 것은 유쾌한 일이 못됩니다. 그러나 담배가 자기 몸에 어떤 짓을 하고 있는가를 알게 되면 참으로 참담해지지 않을 수 없을 것입니다.

니코틴이 인체에 끼치는 영향

니코틴은 미국인들이 상습적으로 몸에 집어 넣고 있는 것들 중에서 그 치명성이 가장 강한 약물 중의 하나입니다. 니코틴은 코카인, 마리화나, 헤로인, 아편, 모르핀 등과 함께 그 어깨를 나란히 할 정도로 그 중독성이 강합니다. 담배 연기에는 타르와 산화성 물질 등 16가지 이상의 독소가 들어 있습니다.

하나님이 폐를 인간의 장기 중 하나로 만들어 놓으신 이유는 깨끗하고 순수하고 또 신선한 공기를 체내에 공급하기 위해서입니다. 이 공기를 통해서 인체는 기초 영양소인 산소를 공급받습니다. 폐는 산소를 흡입하여 체내의 곳곳에 전달함으로써 세포에 필요한 영양을 공급하게 됩니다.

흡연을 하면, 폐가 타르나 담배 속의 독소에 찌들어져 막히게 되면서 폐의 기능이 사정 없이 저하됩니다. 그렇게 되면 인체가 필요한 양의 산소를 충분히 흡입하지 못하게 되어 산소의 부족과 영양의 부족증을 일으켜 기력이 약화됩니다. 동시에 인체에 쌓이는 독물질들을 폐가 다 배설시키지 못하기 때문에 몸 안에 그대로 남게 됩니다.

흡연자들은 힘과 정력이 없어서 육체적으로 그리 오래 견디지 못하는 경향이 있습니다. 그 이유는 인체가 필요로 하는 만큼의 산소를 충분히 흡입하지 못하기 때문입니다.

흡연자가 이와 같은 파괴적인 습관을 계속 유지하면 그 결과로서 자기 몸에 점점 더 심각한 증세가 찾아 오게 됩니다. 흡연자들의 짧은 숨은 흔히 잔기침으로 발전하는데 나아가서는 기종이나 천식이 되기도 한다고 합니다. 다수의 흡연자들이 결국에 가서는 폐암이나 다른 형태의 암에 걸리게 됩니다. 또 순환계에 장애가 생기거나 심장질환 등을 앓다가 결국 아직도 더 살 수 있는 나이에 무서운 질병으로 숨이 막혀서 죽게 됩니다. 매순간 17초마다 흡연 때문에 한 사람이 죽어가고 있습니다.

흡연이 타인에게 끼치는 악영향

궐련, 시가, 파이프 담배 등에서 나오는 연기로 인하여 흡연자만이 피해를 본다면 그것으로도 충분한 비극이 됩니다. 그런데 그 연기를 억울하게 흡입하게 되는 타인들에게도 큰 악영향을 끼치게 되어 비극이 이중으로 일어나게 됩니다. 그러므로 공공장소에서 남이 간접 흡연을 강요당한다는 것을 생각하지 않고 담배를 피우는 것은 인류에 대한 범죄 행위와 같습니다.

그래서 담배를 피우는 부모를 가진 아이들이나 흡연하는 배우자를 가진 사람은 참 가엽기 짝이 없습니다. 직접 흡연을 하지 않아도 흡연자와 같이 있으면 간접 흡연자도 흡연자와 마찬가지의 악영향을 받는다는 많은 통계가 나와 있습니다. 그리고 흡연자의 가정에서 자란 어린 아이들에게 호흡장애 질환이 증가하고 있다는 것을 보여 주는 통계도 있습니다. 다른 독극물들은 이용자 본인에게만 피해가 가지만 흡연은 흡연자 본인은 물론이고 주위에 있는 가족이나 친구들, 그리고 흡연자와 직접적인 관계가 전혀 없는 제삼자에게까지도 피해를 입힙니다.

흡연하는 기독교인들에게 한 마디

만약 이 책을 읽는 독자가 기독교인인데 흡연자라면 나는 즉시 담배를 끊으시라고 권하고 싶습니다. 우선은 여러분 자신을 위해서이고, 한편으로는 사랑하는 가족을 위해서입니다. 하나님의 다음 말씀을 상기해 보시기 바랍니다.

"너희 몸은 너희가 하나님께로부터 받은 바 너희 가운데 계신 성령의 전인 줄을 알지 못하느냐 너희는 너희의 것이 아니라 값으로 산 것이 되었으니 그런즉 너희 몸으로 하나님께 영광을 돌리라"(고전 6:19-20)

정말 솔직한 마음으로, 흡연이 하나님께 영광을 돌린다고 말할 수 있습니까?

커 피

미국을 대표하는 음료를 찾으라고 한다면 아마도 커피라고 해도 좋을 것입니다. 미국인들은 아침 식사를 커피와 함께 들거나 심지어는 커피만으로 아침을 때우기도 합니다. 그리고 많은 이들이 10시에서 11시 사이에 약 10분 내지 20분 정도의 커피 휴식시간을 즐깁니다. 이어지는 점심도 커피와 함께하며, 늦은 오후와 저녁 식사에도 커피를 곁들입니다. 연간 미국인이 소비하는 커피의 양은 20억 파운드(역주: 100만톤)가 넘습니다.

커피를 마신다는 것은 아주 흠이 없고 전혀 해롭지도 않은 것으로 여겨져서 이런 독자들의 목소리가 들리는 것 같습니다. "커피 마시는 것이 뭐 잘못된 것은 아니지요, 그렇지요?", "커피가 몸에 해로운 가요?" "커피가 무슨 약물인가요?"

사실은 커피도 약물이다

커피는 음식이 아닙니다. 커피 속에는 인체에 쓸모있는 영양가가 아무것도 없으며 새로운 세포를 만들어내는 물질도 없습니다. 커피가 몸에 들어가서 할 수 있는 일은 인체를 손상시키고 세포를 파괴시키는 것뿐입니다.

커피는 약물일 뿐입니다. 커피에는 카페인과 함께 인체에 해로운 기름과 독성물질이 들어 있습니다.

커피가 인체에 끼치는 악영향

카페인은 흥분제입니다. 인체가 이 독을 제거시키려고 힘을 집중시킬 때에 중추신경을 자극시켜서 비정상적이고 자해적인 활동을 하게 됩니다. 우선 커피를 마시면 마음이 붕 뜨는 것 같은 유쾌한 감각을 받게 됩니다. 그러나 그 후에는 심리적 우울증, 신경피로증, 근육무력증이 찾아 오고 간과 콩팥까지 손상을 입습니다.

카페인이 체내로 들어가면 혈압이 오르면서 심장의 박동이 빨라집니다. 그러나 카페인이 몸 밖으로 빠져나갈 때에는 심장박동수가 떨어지면서 혈압이 정상 수치 밑으로 내려가게 됩니다.

카페인은 콩팥을 과로하게 합니다. 카페인이라는 독성물질을 몰아내려는 노력을 콩팥이 하기 때문입니다. 그런데 커피를 계속하여 마시면 콩팥은 쇠약해지고 능률이 떨어집니다. 마침내는 콩팥의 기능이 완전히 망가져 재기 불능상태가 됩니다.

또 커피에 들어 있는 휘발성 기름은 위장과 창자의 안쪽 벽을 자극하여 소변을 자주 보게 만듭니다. 이런 자극은 나아가서는 위궤양, 위염, 자연유산, 사산, 조산 등을 일으키며 크고 작은 질병의 원인이 되기도 합니다.

그러나 커피의 카페인에서 오는 부작용이 매우 느리기 때문에 커피를 즐겨 마시는 사람들은 커피를 마시는 습관으로 인해 몸의 중요한 부분들이 서서히 파괴되고 있다고 하는 사실을 미처 인식하지 못하고 있습니다.

커피는 음식이 아니라 독이라는 사실을 잊어서는 안 됩니다. 그리고 우리 몸에 아무 쓸모도 없으면서 해만 크게 입히는 중독성 약물이라는 사실을 알아야 합니다.

차

차에 들어 있는 약물을 "테인(다소, 茶素)"이라고 부릅니다. 웹스터 사전에 보면 이 "테인"은 그저 카페인의 또 다른 이름일 뿐이라고 되어 있습니다.

차에 있는 카페인의 함유량은 커피의 절반쯤밖에 안되지만 인체에 끼치는 악영향은 같습니다. 그 차이는 독이 조금 더 서서히 퍼지고 몸의 중요한 부분들을 파괴하는 데 시간이 좀 더 걸린다는 것뿐입니다.

콜라와 청량음료

콜라와 청량음료에도 카페인이 들어 있다고 한다면 깜짝 놀랄 일이 아니겠습니까? 카페인은 중독성 약물입니다. 콜라와 청량음료에 카페인을 첨가함으로써 말 그대로 중독현상이 나타났습니다. 그리하여 청량음료 사업이 나라 안에서 가장 부유한 산업의 하나가 되었습니다. 많은 아이들이 청량음료를 마심으로써 카페인에 중독되기 시작합니다.

웹스터 사전에 의하면 "콜라"란 "탄산음료로 콜라 잎이나, 콜라 열매에서 뽑은 추출액에 설탕, 캐러멜, 산, 그리고 향신료를 첨가한 탄산음료"라고 설명하고 있습니다. 웹스터 사전을 더 자세히 들여다보면 "코카인"은 콜라 잎에서 추출된 쓰디쓴 수정성의 투명한 염기물질이라고 합니다. 콜라 열매는 쓰디 쓴 카페인이 들어 있는 콜라 나무의 씨앗으로서 청량음료의 원료가 된다고 웹스터 사전에서 설명하고 있습니다. 콜라와 청량음료 속에 들어 있는 당분에 대해서는 다음장에서 자세히 이야기하기로 하겠습니다.

카페인이 들어 있는 청량음료나 콜라를 마시는 사람들은 커피에서 설명한 대로 카페인을 먹었을 때의 증상이 일어납니다.

이 청량음료는 특히 아이들에게는 대단히 치명적입니다. 카페인이 들어 있는 청량음료를 마시는 아이들에게서 일어나는 증상을 보면, 짜증을 잘 내며, 심장의 발동이 불규칙하고, 불면증과 산만한 행동 등 여러 가지 증상이 나타납니다.

초콜릿

가루로 곱게 빻은 코코아 열매를 볶아서 만든 초콜릿을 중독성 약물이라고 말한다면 여러분들은 놀랄 것입니다. 코코아와 초콜릿에는 "디오 부로민"이라는 약물이 함유되어 있습니다.

랜덤 하우스 사전(Random House Dictionary)을 보면 "디오 부로민"은 코코아에서 추출되는 독성 가루로서 이뇨제, 심장 근육조직의 자극제로 쓰인다고 나와 있습니다. 웹스터 사전에는 디오 부로민이 알칼로이드 성분의 쓴 맛을 가진 물질로 카페인과 유사한 흥분물질이라고 표현되어 있습니다.

초콜릿과 코코아를 자극제라고 할 수 있는 이유는, 이것들이 체내로 흡수되면 인체는 이것을 독으로 촉지하고 될 수 있는 대로 빨리 몸 밖으로 몰아내기 위해 비상조치를 취하기 때문입니다. 여드름은 이러한 독을 체외로 빨리 몰아내기 위해 이용하는 하나의 수단입니다. 웹스터 사전에 써있는 것처럼 디오 부로민은 세포조직을 부수어 체내를 황폐하게 만들어 놓는 카페인의 한 형태입니다.

식품회사가 우리들의 입맛을 길들이기 위해 설탕을 이용함으로써, 얼마나 많은 해로운 물질들을 우리가 쉽게 우리 몸에 퍼넣고 있는지를 생각해 보면 그것이 흥미롭기도 하고 참으로 딱한 일이기도 합니다. 이제 설탕에 대하여 알아봅시다.

흰 설탕

포도당(Glucose)은 생과일, 야채, 그리고 꿀에서 구할 수 있는 순수한 천연 설탕입니다. 포도당은 당합성체로서 체내에 흡수되면 혈액 속으로 천천히 풀리게 됩니다. 포도당은 하나님이 만드신 천연 그대로의 형태이며 인체가 쓰도록 전지전능하신 하나님께서 만들어 놓으신 형태의 설탕입니다.

포도당은 인체에 대단히 쉽게 흡수되는 기초적이고 필수적인 영양분인데 세포에 연료로 사용됩니다. 웹스터 사전에 "포도당"이란 자연계에서 많이 생성되며, 동물들은 보통 탄수화물의 형태로 섭취한다고 설명하고 있습니다.

반면에 흰 설탕(Sucrose)은 인공적으로 만들어진 물질입니다. 흰 설탕은 육체적으로나 정신적으로 중독성이 있는 약물입니다. 설탕은 단순당으로 혈액 속으로 빠르게 흡수되며 인체에 커다란 해를 끼칩니다.

설탕공장에서는 14단계의 공정을 거쳐 천연원료(보통 사탕수수나 사탕무우)를 설탕으로 바꾸어 놓습니다. 이러한 공정과정을 거치면서 제당업자들은 비타민 B 복합체, 각종 효소, 단백질, 미네랄과 각종 비타민을 제거시킵니다.

공정에서 가해진 열이 천연당 즉 포도당($C_6H_{12}O_6$)을 인공당, 즉 설탕($C_{12}H_{22}O_{11}$)으로 바꾸어 버립니다. 이 과정은 불안정한 화학물질을 생산해내는데 그 화학물질은 비타민도 없고 미네랄도 없으며 식품으로서 가치도 없습니다. 이것은 순수한 탄수화물일 뿐입니다. 그리고 이것은 인체에 어마어마한 피해를 줄 수 있는 물질입니다.

대부분의 가공식품에는 설탕이 들어 있다

슈퍼마켓에서 팔고 있는 모든 식품의 포장에 붙어 있는 내용물 분석표를 주의깊게 읽어보면 거의 모든 제조 식품에 소금 또는 설탕, 이 두 가지가 다 들어 있는 것을 어렵지 않게 발견할 수 있습니다. 설탕이나 소금이 들어 있지 않은 식품들은 아마 팔리지 않을 것입니다. 당분이나 소금을 음식에 첨가하지 않으면 이러한 죽은 음식, 생명이 빼앗겨져 독이 많은 음식을 우리 입맛이 거부할 것이기 때문입니다. 설탕이나 소금은 심지어 치약, 담배, 껌 등에도 들어 있습니다.

설탕은 중독성 물질이다

대개의 미국인들은 태어나자마자 얼마 안되어서 간호사들이 병에 설탕물을 담아 갓난아기의 입에 물릴 때부터 설탕에 중독되어 갑니다. 그 후 아기의 음식물에 설탕을 넣음으로써 아기가 이 비천연적인 물질을 먹어가기 시작합니다. 유아식 제조업자들은 그들이 가공하는 제품에 설탕을 넣어서 아기의 입맛이 그 비천연적인 제품을 거부하지 못하도록 길들여 갑니다.

그리고 시중에는 아침식사용 시리얼들이 많이 있습니다. 그 중 많은 수가 설탕이 50% 이상이나 들어 있습니다. 아이스크림에는 대략 33%나 되는 설탕이 들어 있습니다. 12온스(약 350 밀리리터)짜리 캔이나 병에 들어 있는 콜라나 청량음료에는 설탕이 8티스푼(약 38그램) 이상이나 들어 있습니다. 이것들은 수많은 사례의 시작에 불과합니다.

20세기 초 미국의 일인당 연간 설탕 소비량은 약 7파운드(약 3.2 킬로그램) 가량으로 보고되어 있습니다. 그런데 1964년도에는 이 소비량이 껑충 뛰어 95파운드(약 43 킬로그램)이 되었습니다. 현재 남자나 여자나 아이들이나 가리지 않고, 미국인들의 일인당 설탕 소비량은 년 125파운드(약 57 킬로그램)를 넘어서고 있습니다. 우리는 문자 그대로 설탕 중독자들이 되어가고 있는 것입니다.

하나님이 세상을 창조하셨을 때, 하나님께서는 사람이 필요한 양의 당분만을 자연적으로 희구하게 하셨습니다. 그러나 이윤추구에 급급한 식품회사들은 하나님이 주신 이 천연당에 대한 인간의 자연적 욕구를 이용하여 의심할 줄 모르는 대중에게 설탕을 먹이면서 막대한 이익을 챙기고 있습니다.

설탕이 인체에 끼치는 악영향

설탕은 유독한 물질로서 인체를 중독시킵니다. 당분이 설탕의 형태로 섭취되어 우리 몸에 들어오면 체내에서 발효가 되어 탄산 초산 그리고 알코올이 됩니다.

초산은 몸 속의 세포를 파괴시키는 작용을 하는데 말 그대로 세포를 태웁니다. 그리고 신경을 마비시키기까지 합니다. 체내에서 형성되는 알코올은 알코올 음료와 거의 비슷한 작용을 하여 순간적으로 난폭하게 행동하게 하기도 합니다. 알코올은 신장에도 해를 끼칩니다. 신경과 두뇌의 기능에 영향을 주어 집중력을 흐리게 하고, 관찰력과 순발력조차 늦어지게 합니다.

비천연당인 설탕을 계속 섭취하면 췌장에도 문제가 생깁니다. 많은 양의 설탕은 췌장을 혹사시켜서 그 기능이 마비되기 시작합니다. 설탕으로 인해 파생되는 문제는 여러 가지가 있지만 그중 가장 심각한 것 두 가지를 든다면 그것은 저혈당증과 당뇨병일 것입니다.

대부분의 독자들은 당뇨병에 대하여는 잘 알고 있을 것입니다. 저혈당증 역시 대단히 위험합니다. 그러나 이러한 병에 걸려 있으면서도 자기 자신이 그 질병을 가지고 있는 것조차도 모르고 있으니 참으로 애처로운 일입니다. 저혈당증 증상들을 열거해보면 두통, 신경과민, 우울증, 피로감, 집중력 부족 등을 들 수 있습니다. 그리고 특별한 이유 없이 배우자나 자녀에게 짜증을 잘 내는 것도 저혈당에서 옵니다. 이런 저혈당 증세의 문제점을 잘 아는 부부생활 상담전문가들은 결혼생활에서 일어나는 문제의 50% 이상이 저혈당으로 인해 발생한다고 추정합니다.

설탕은 또 비타민 B를 우리 몸에서 빼앗아가고 칼슘을 파괴시키며 신경조직을 교란시키기도 합니다. 설탕은 충치, 탈모, 노인병, 순환기 문제, 심장질환 등 여러 가지 질병의 원인이 되기도 합니다.

콜라나 사이다 같은 청량음료를 하루에 한 깡통씩을 마시기만 하여도 일 년이면 12파운드(약 5~6 킬로그램) 정도의 몸무게가 늘어납니다. 청량음료에는 설탕이 많이 들어 있기 때문입니다.

많은 연구보고에 의하면 문제아를 만드는 가장 큰 원인을 설탕에 두고 있습니다. 나아가서는 알코올 중독, 범죄, 강간, 살인과 같은 각종 사회악도 결국은 여기에서 그 뿌리가 출발한다고 믿고 있습니다.

대부분의 기독교인들도 매일 많은 양의 설탕을 섭취하고 있습니다. 여러분들이 자신의 설탕 일일 섭취량을 한번 따져 보면 흥미로운 결과를 얻을 것입니다. 여러분들이 마켓에서 구입한 식품 포장에 표기되어 있는 내용물 비교표를 자세히 읽어 보십시오. "설탕"이라는 단어가 상단에 가까이 있을수록 설탕의 함유량이 높다는 것을 뜻합니다.

사무엘 웨스트 박사(Dr. C. Samuel West)는 그의 저서 「골든 세븐 플러스 원」(Golden Seven Plus One)"에서 다음과 같이 경고합니다. "오늘부터라도 당장 설탕의 소비를 줄이지 못한다면 당신은 스스로를 죽이고 있는 셈이 됩니다."

소 금

염화나트륨의 형태로 된 소금은 치명적 독성을 가진 중독성 약물입니다. 어쩌면 이 세상에서 어떤 것보다 가장 무서운 살인 무기인지도 모릅니다.

지난 수십 년간 전문 의료인들은 땀이 많이 나는 여름철에는 염분이 필요하기 때문에 소금이나 알소금을 먹어야 한다고 주장했습니다. 염기가 땀을 따라 체내에서 체외로 배출되므로, 빠져나가는 염기의 보충이 반드시 필요하다고 의사들은 그 이유를 제시했습니다. 인체가 어떻게 기능하는지에 대한 이해 부족으로 인하여, 인류에게 막대한 피해를 입힌 후에야 그들은 마침내 자신들의 과실을 인정하게 되었습니다. 이제 전문 의료인들은 인체에 염분 섭취량을 더 늘려서는 안되며 오히려 음식의 소금을 없애든지 아니면 소금의 소비량을 아주 대폭적으로 줄이라고 권하고 있습니다.

암염이나 바다에서 생성되는 천연소금조차도 인체가 활용할 수 없는 무기염입니다. 소금은 염화나트륨으로 인체에 흡수되는데 소변이나 땀샘을 통해 배출이 되지 못하고 남은 양은 체내의 조직 속에 역시 염화나트륨 형태로 저장됩니다. 그러다가 겨우 체외로 배출된다고 해도 흡수되었을 때와 마찬가지로 여전히 염화나트륨의 형태를 유지하고 있습니다. 이 염화나트륨은 인체에 들어 오는 순간부터 나가는 순간까지 인체에 많은 피해와 손상을 남기는 것입니다.

땀샘을 통하여 배출되는 모든 염화나트륨에 대하여 의학계에서 알아낸 것은 몸이 스스로 이 무서운 독을 제거하는 통로로 땀구멍을 사용한다는 것이었습니다. 하나님은 그렇게 경이롭게 인체를 만드셨습니다. 독극물로 가득 채워진 전을 항상 정화하려고 노력하여 스스로 깨끗하고 순수하게 지키도록 하신 것입니다.

소금이 인체에 끼치는 악영향

소금이 염화나트륨의 형태로 체내에 흡수되면 소금이 혈액 속에서 수분을 빼내갑니다. 그때에 우리 몸은 경고 신호를 보냅니다. 바로 갈증이라는 증세입니다. 예를 들어봅시다. 우리가 소금기가 많은 수프 한 그릇을 먹고 나면 뇌에 신호를 보내어 물을 청합니다. 왜 그럴까요? 물은 소금의 농도를 희석시키는 작용을 하여 인체의 중독을 해소해 주기 때문입니다.

대부분의 사람들은 매일 과다한 양의 소금을 섭취하고 있습니다. 거의 모든 가공식품에 소금이 첨가됩니다. 우리 몸은 이 많은 양의 소금을 모두 몸 밖으로 몰아내지는 못합니다. 그래서 소금은 혈액 속으로 흘러 들어가게 되어 체내의 조직액에 섞여 들게 되는데, 이것은 이 황폐한 물질의 독성을 완화시켜 보려는 인체의 안타까운 노력입니다. 누구든 단식을 하게 되면 며칠 사이에 몸무게가 10파운드(약 5킬로그램) 정도가 빠집니다. 그것은 소금을 중화시키기 위하여 비축되었던 과잉수분이 빠져나가면서 생기는 결과입니다.

이렇게 비축된 염화나트륨은 인체의 구석구석에서 찾아볼 수가 있는데 이것들이 인체에 엄청난 해를 끼칩니다. 소금 때문에 발생하는 건강 문제들을 열거하면, 동맥경화증, 관절염, 위궤양, 난시 및 실명, 고혈압, 종양, 암 등의 각종 퇴행성 질환들입니다.

소금은 일종의 항생물질입니다. 소금은 생명을 죽입니다. 소금은 방부제로 쓰입니다. 소금이 박테리아(생명)를 죽이고 음식이 썩지 않게 해 주기 때문입니다. 이와 같은 작용을 소금은 체내에서도 행합니다. 소금은 세포를 죽이고 생명 그 자체를 위협하는 파괴자와 흡사합니다.

소금의 중독성은 어린아이 때부터 시작됩니다. 음식을 요리할 때 센 불로 굽거나 찌면 영양이 파괴됨은 물론이고 맛까지 달아나 버립니다. 그 음식에 맛을 내려고 어머니가 자신의 입맛에 맞추어 소금을 첨가합니다. 어린아이들이 이런 음식을 먹고 자라기 때문에 중독이 되는 것입니다.

시판되고 있는 거의 모든 유아식은 열을 가해 조리되어 소금이 가미된 것입니다. 이렇게 소금이 첨가되어 조리된 유아식을 처음으로 아기들에게 먹이면 아기들은 대개가 다 그 음식을 뱉아냅니다. 그러면 아기 엄마는 아기에게 음식을 먹이려고 어떻게 합니까? 다시 음식을 아기 입 속으로 밀어 넣습니다. 그러면 아기가 다시 뱉어냅니다. 우리 부모들은 그들이 주는 음식을 결국 아기가 받아먹을 때까지 되풀이하여 입에 넣어줍니다. 이것이 바로 소금에 중독되는 생활의 시작인 것입니다. 무지에서 시작되는 일이라고는 하지만 이것이야말로 슬픈 일입니다.

인체는 염분을 필요로 할까요? 물론 필요로 합니다. 그러나 미량이 필요할 뿐이며, 그것도 유기물질 형태로 흡수되어야 체내에서 활용할 수 있습니다. 그리고 이 유기질 형태의 염분은 모든 생과일과 야채에 들어 있습니다.

하나님은 우리에게 훌륭한 몸을 주었다

우리가 그렇게 많은 독성 물질들을 수십 년 동안이나 우리 몸에 집어 넣어 왔다는 것을 알고 난 후 사람들의 첫 반응은 대부분 "아직 내가 살아 있는 것이 기적이구나" 입니다.

그런데 우리가 그 많은 독성 물질들을 흡수하면서 아직도 생존하고 있는 이유가 있습니다. 그것은 우리의 위대하신 창조주께서 우리에게 정말 놀라운 몸을 허락하여 주셨기 때문입니다. 우리 몸은 우리가 잘못 사용하여도, 또 그것이 반복되더라도 무엇이 흡수되든 내보낼 것은 내보내고 흡수시킬 것은 흡수시켜서 언제나 자신을 깨끗이 보존하려고 최선을 다해 일합니다.

그러나 모든 것에 한계가 있듯이 인체도 혹사를 시키면 그 한계에 부딪히게 됩니다. 더 이상 혹사와 방조를 견디지 못하게 됩니다. 이때가 인체에 각종 부작용과 질병이 유발되는 때이며 가장 약한 부분에서부터 문제가 생기게 됩니다.

즉 인체 중에서 가장 약한 장기, 즉 가장 많이 혹사되고 방치되었던 장기부터 시작하여 한 부위씩 질환에 잠겨가기 시작하는 것입니다. 그런 시점에 왔는데도 여전히 식습관과 생활 양식을 바르게 바꾸지 않고 몸을 계속해서 혹사시키고 계속 오래된 양식을 고집하게 되면 질병은 더 무서운 속도로 인체를 잠식해 갑니다.

어떤 분들은 다른 사람들보다 신체적으로 건강하여 몸이 혹사를 더 오래 견딥니다. 그런 사람들은 아마 많은 양의 운동을 하여 몸 안에 쌓이는 독소를 몸 밖으로 몰아내고 있는 사람들일 것입니다. 아니면 조상으로부터 육체적으로 강한 몸을 물려받은 사람들일 것입니다.

그러나 아무리 건강하다고 하여도 계속적으로 인체를 혹사하면 언젠가는 그에 대하여 보상을 받게 될 날이 꼭 올 것입니다. 왜냐하면 여기에도 바꿀 수 없는 법칙이 있기 때문입니다. 즉 "스스로 속이지 말라 하나님은 만홀히 여김을 받지 아니하시나니 사람이 (모르고 그러하거나 알면서 그러하거나 간에) 무엇으로 심든지 그대로 거두리라"(갈 6:7)는 것입니다.

다행스러운 것은 우리 몸의 건강이 깨어지기 시작했다고 하더라도 우리가 몸을 함부로 다루지 않고 식습관을 개선하면서 노폐물을 배설하면 우리 몸은 그에 응하여 상한 세포들을 재생한다는 것입니다. 실로 우리 몸은 "하나님의 성전"입니다.

기독교인이 왜 병에 걸리는가? 그리고 왜 그들이 비기독교인들과 조금도 다름없이 병에 걸리는가? 왜 성령이 충만한 분들이나 보통의 교인들이나 똑같이 병에 걸리는가? 이 책을 읽으면서 이에 대한 대답을 분명히 알게 되었을 것으로 믿습니다. 우리들의 식사법과 생활양식이 모두 똑같이 나빴기 때문입니다.

복 습

1. 어떤 약물이 합법적으로 허용되고 제약 없이 쉽게 구입할 수 있다고 해서 그 약물이 인체에 유익한 것은 아닙니다.

2. 모든 약물은 인체의 구조와 기능에 영향을 줍니다.

3. 술을 마시는 것은 성경 말씀에 위배될 뿐만 아니라, 알코올은 사람으로 하여금 반이성적인 행동을 하게 하는 중독성 약물입니다. 고속도로에서는 죽음을 일으키는 파괴범이고 이혼의 주된 원인이 되기도 합니다. 술을 마시는 것은 술이 우리 몸의 세포를 문자 그대로 파괴해 가기 때문에 서서히 자살을 꾀하는 것이나 다름이 없습니다. 그런데 우리들의 그 몸은 하나님의 성전입니다.

4. 중독성 약물인 담배에는 16가지의 독극물이 들어 있는데 폐를 해치고 그 기능을 망가뜨려서 흡연자는 물론이고 주위의 사람들까지 서서히 죽음으로 몰아갑니다.

5. 커피에는 카페인이라는 약물이 들어 있어 인체에 여러 가지 질병을 일으킵니다.

6. 차, 콜라, 청량음료와 초콜릿에도 약물인 카페인이 들어 있는데 이것들은 인체에 대단히 해로운 물질입니다.

7. 자당(Sucrose)의 형태인 설탕은 약물로서 중독성이 매우 강하며, 우리들의 몸과 정서에 문제를 일으키고 심지어 사회적인 문제까지 유발시킵니다.

8. 소금은 치명적인 독극물로 인류에게는 가장 무서운 살인자일 가능성이 있습니다.

9. 다행스럽게도 몸이 병들기 시작한 후에도 우리들이 몸과 협력하면서 우리 몸에 대한 학대를 중단하고, 몸 내부를 청소하면서 하나님의 전인 인체에 적절한 음식을 공급하면 우리 몸은 거기에 응하여 상했던 세포들을 재생시켜 나갑니다.

운동 부족

"네가 얼굴에 땀이 흘러야 식물을 먹고…"

(창 3:19)

Chapter 7

Chapter

7

하나님이 인간을 창조하였을 때 그분은 인간이 육체적으로 활발하게 움직이도록 만드셨습니다. 이것이 사실이라는 것을 어떻게 알 수가 있을까요?

첫째, 하나님이 명령하셨다

"여호와 하나님이 그 사람을 이끌어 에덴 동산에 두사 그것을 다스리며(농작하라는 뜻임: 웹스터 사전) 지키게 하시고(관리인으로 관리를 하라는 뜻임)"(창 2:15).

"여호와 하나님이 에덴 동산에서 그 사람을 내어 보내어 그의 근본된 토지를 갈게 하시니라(갈고, 씨뿌리고, 기르고…)"(창 3:23).

"엿새 동안은 힘써 네 모든 일을 행할 것이나"(출 20:9).

"우리가 너희와 함께 있을 때에도 너희에게 명하기를 누구든지 일하기 싫어하거든 먹지도 말게 하라 하였더니 우리가 들은즉 너희 가운데 규모 없이 행하여 도무지 일하지 아니하고 일만 만드는 자들이 있다 하니 이런 자들에게 우리가 명하고 주 예수 그리스도 안에서 권하기를 종용히 일하여 자기 양식을 먹으라 하노라"(살후 3:10-12).

둘째, 성경에서 실례를 보아 알 수 있다

"노아가 농업을 시작하여 포도나무를 심었더니(땅을 가는 농부를 지칭)"(창 9:20).

셋째, 운동을 하지 않으면
몸은 그 기능을 제대로 발휘하지 못한다

우리가 인체를 연구하고 어떻게 기능을 발휘하도록 되어 있는가를 공부하면, 인체는 매일 원기 왕성한 활동을 하지 않으면 기능을 제대로 잘 발휘하지 못하게 되어 있다는 것을 알게 됩니다.

하나님은 인간이 육체적으로 활발하게 활동을 하도록 창조하셨다

하나님이 사람을 만드셨을 때, 그 사람을 이끌어 에덴 동산에 살게 했습니다(창 2:15). 그 동산에서 하나님이 그 사람에게 먹을 것을 주셨습니다(창 1:29 ; 2:9,16). 그러나 가을이 지나자 동산에는 가시와 엉겅퀴뿐이었습니다(창 3:18). 이른바 그 잡풀들로 인해서 인간이 먹을 식물이 자라는 것이 방해받았습니다. 그래서 그는 생명을 유지하는 데 필요한 식물을 기르기 위해서는 잡초를 걷어내야 했습니다. 그러기 위하여 바로 육체적인 활동이 필요하게 된 것입니다.

창세기부터 지금까지 인간들은 식량을 위하여 육체노동을 해야 했으며 그것도 거의 매일 해야 했습니다. 불과 수백 년 전에도 우리의 조상들은 이 넓은 미대륙의 바닷가에 상륙하여 개척을 하고 밭을 일구어 먹기 위하여 육체적으로 노동을 했습니다. 그리하여 많은 수확을 얻게 되자 하나님께 감사를 드리게 되었던 것입니다. 그것이 바로 추수감사절의 시작이었습니다.

경작하는 일의 중요성

전 역사를 통하여 인간들이 중요하게 추구해 왔던 것 중의 하나가 그들의 식량을 얻는 문제였습니다. 사실 얼마 전까지만 해도 대다수의 인간들은 자신의 먹거리를 직접 재배했습니다. 현대인들에게 가장 큰 비극은 많은 사람들이 자신들이 살던 땅에서 벗어나서 살고 있다는 사실입니다.

여러분의 나이가 50세거나 그 이상이라면 여러분의 부모님들이나 조부모님들은 농사를 지었을 가능성이 큽니다. 나의 외할머니는 현재 80이 넘는 나이에도 불구하고 먼동이 트기도 전에 일찍 일어나 밭으로 나가서 채소밭에서 풀을 뽑으십니다. 외할아버지께서 말에 쟁기를 지워 밭을 갈던 모습을 아직도 나는 기억하고 있습니다.

그분들은 자신의 딸이 죽은 뒤 25년이라는 세월, 거의 4반세기가 넘는 세월을 더 살았습니다. 시골 출신인 나의 어머니는 도시 출신인 나의 아버지와 결혼하여 도시로 이사를 했고 슈퍼마켓에서 파는 가공식품을 사먹었습니다. 몸을 부지런히 움직여 땀흘려 먹는 삶과는 거리가 멀었습니다.

내가 강조하고 싶은 것은 하나님께서 인간을 매일 매일 육체적으로 활발하게 움직이도록 만드셨다는 것입니다. 이런 활발한 육체적 활동은 신선한 공기로 가득찬 넓은 야외에서 이루어져야 합니다.

땅을 버린 대가를 치르게 되었습니다

인간이 하나님께서 의도하신 대로 살지 않고 거기서 벗어나게 되자 인간의 육체는 호되게 비싼 값을 치르게 되었습니다. 나는 감히 요즘의 미국인 40대들의 육체적 상태가 농사 짓고 살던 우리 할아버지들이 80이 되셨을 때의 육체적 상태를 못따른다고 생각합니다.

오늘날의 미국인들은 식료품 깡통을 따거나 냉장고에서 냉동식품을 꺼내어 그 상자를 뜯던지 또는 슈퍼마켓에 가서 신선한(?) 제품을 구입할 수는 있는 편리함을 좋아합니다. 그러나 이러한 편리함에 대하여 그들이 지불해야 할 육체적인 몫은 엄청나게 비쌉니다. 이와 같이 육체적인 수고를 하지 않고 쉽게 식품을 구입할 수 있게 된 편리한 생활은 신변에 수많은 건강 문제를 불러일으켰고 심한 육체적 고통과 때이른 죽음들을 초래하였습니다.

그래서 이제 우리들은 오늘날 우리들의 참모습을 보아야 합니다. 우리는 영양가라고는 거의 없어진 포장된 가공식품을 먹고 있습니다. 뿐만 아니라 그것들은 또한 화학물질로 가득 차 있으며, 우리는 그런 음식마저도 전혀 육체적인 노동의 대가 없이 얻고 있습니다.

왜 우리 몸은 육체적 활동이 필요한가

인체가 육체적으로 생명을 유지하기 위해서는 4가지 기본 요소가 필요합니다. 공기(산소), 물, 음식, 운동이 바로 그것입니다. 이들 중 음식이 가장 덜 중요합니다. 인간은 음식을 먹지 않고도 40일 간은 생명을 유지할 수가 있습니다. 물이 없이는 4일 이상을 더 살지 못하며 공기가 없이는 4분 이상을 살 수 없습니다. 그러나 활동을 하지 않으면 우리 몸의 세포는 서서히 죽어갑니다.

우리 몸이 육체적인 활동을 해야 하는 이유는 우리 몸을 이루고 있는 조직세포가 신축성과 유연성을 유지하기 위하여 매일 자극해 주는 일이 필요하기 때문입니다. 이들 조직세포들은 규칙적으로 운동을 해주지 않으면 약해지고 병이 들어 마침내는 제 기능을 발휘하지 못하기 시작합니다. 결론적으로 말해서 계속하여 운동을 하지 않게 되면 이들 세포의 기능이 정지가 되고 하나님이 의도하신 바와는 달리 건강하고 활력이 넘치는 살아 있는 새로운 세포들이 우리 몸에 생성이 되지 않습니다. 그렇게 되면 낡은 세포들이 서서히 죽어가면서 독이 만들어지고, 마침내는 인체 내에 그들 독과 찌꺼기들이 축적되게 됩니다.

림프

인체의 부드러운 조직 세포들은 림프라는 액체에 항상 잠겨 있습니다. 이 림프는 몇 가지 대단히 중요한 기능을 합니다. 우선 세포에 연료를 공급해 주고 세척을 해줍니다. 그런데 림프는 혈액처럼 몸을 순환하게 해주는 펌프(심장) 같은 것이 없습니다.

림프는 림프를 순환시켜 줄 펌프가 없으므로 우리 몸의 움직임이나 운동에 의존합니다. 우리 몸이 규칙적으로 힘차게 운동을 할 때에 림프가 움직이고 하나님께서 의도하신 대로 림프는 세포에게 연료를 공급해 주고 청소시켜 주는 기능을 하게 됩니다. 그러나 우리가 운동을 하지 않으면 림프의 움직임이 둔해져서 연료의 공급과 세척이 효과적으로 이루어지지 않습니다. 이로 인해 독과 쓰레기가 온몸 구석구석에 쌓이기 시작합니다. 오물이 쌓이기 시작하면 림프의 청결활동도 둔해집니다.

체내에 오물 쌓이기가 계속 되면 몸 세포는 신선한 공기(산소)를 공급 받지 못하고 탄산가스 등과 같은 노폐물들을 청소하기가 어려워집니다. 그리고 세포는 세포를 새로 만들어내는 데 필요한 자재를 공급받지 못합니다. 그렇게 되면 전 인체의 기능이 원활하지 못하게 되고 이것이 각종 질병을 일으키는 원인이 됩니다. 그래서 암과 같은 병에 걸리게 되고 결국 죽음에 이르게 되는 것입니다.

편도선과 맹장

편도선이 붓는 것이 하나님이 만들어 주신 경고장치라는 것을 주목하면 흥미롭습니다. 체내에 독이 쌓이다 못해서 림프에 부담이 커지면 편도선이 붓습니다. 이 경우 의료인들은 환자에게 약을 줍니다. 그럼으로써 경고신호가 제거되어 버립니다. 그런데 약발이 듣지 않고 계속 경고가 울리면 편도선 제거 수술을 하라고 합니다. 나도 어렸을 때 편도선 수술을 받았습니다.

재미있는 것은 우리 집 네 아이들도 편도선 염증으로 시달렸는데 그 때마다 담당의사는 몇 년 동안이나 약을 주다가 마침내는 편도선 절단 수술을 권하였습니다. 그때 마침 우리 부부가 식사와 건강 등에 대하여 이제 막 지식을 좀 알게 되었을 때였습니다. 그래서 차라리 수술을 시키는 대신에 아이들이 먹는 음식을 완전히 바꿔 보았습니다. 그랬더니 편도선이 말짱하게 나아 버렸습니다.

맹장도 편도선과 비슷한 역할을 합니다. 림프체계에 독이 많이 쌓이면 림프 조직에 부담이 커지고 이에 따라서 맹장이 붓습니다. 의사들은 편도선을 다루듯이 비슷한 방법으로 맹장에 대한 처방을 내립니다. 즉 문제가 생기면 수술을 권합니다. 하나님이 인간을 창조하실 때 필요없는 기관들이나 예비기관을 절대로 만들어 놓지 않으셨을 터인 데도 말입니다.

근 육

운동을 하지 않으면 근육에 감퇴현상이 일어납니다(웹스터 사전:
위축, 또는 작아지는 것). 이러한 현상은 한동안 운동을 하지 않던 사
람이 갑자기 근육을 쓰려고 하면 매우 분명하게 일어납니다. 운동
을 하지 않아 가장 심하게 피해를 보는 근육은 역시 심장근육입니
다.

운동을 하지 않으면 심장 기능이 약화됩니다. 동맥경화가 일어
나고 뇌졸중, 심장마비 등이 일어납니다. 해마다 많은 사람들이 심
장에 문제가 생겨 죽습니다. 이런 일은 평소에 심장에 운동을 잘
시켜주지 않다가 갑작스레 무리를 하기 때문에 일어납니다. 활동
이 없는 겨울에 눈을 치우는 작업을 힘들게 하다가 생기는 사고가
이에 대한 좋은 예 중의 하나가 될 것입니다.

운동의 중요성

지난 16년 동안 인체와 영양, 그리고 운동에 대하여 연구를 해
온 결과 식사를 좀 허술하게 하더라도 활발한 운동을 규칙적으로
하는 사람들이, 좋은 식사를 하면서 운동은 하지 않는 사람들 보다
더 건강하다는 것을 알게 되었습니다. 거기에는 분명한 이유가 있
습니다. 운동을 하는 사람이 몸 속의 독과 각종 노폐물들을 몸 밖

으로 배출할 수 있는 능력이 더 뛰어나기 때문입니다.

매일 활동적인 운동을 하지 않으면 근육 세포는 탄력성을 잃게 되고 림프는 정체되어 세포를 효과적으로 세척할 수 없게 됩니다. 그리고 체내에 연료 공급이 원활하지 못하게 되고, 근육 위축도 생기게 됩니다. 원활한 산소공급 부족현상과 동맥경화증, 정신능력의 둔화현상 등도 나타납니다. 또한 건망증이 자주 일어나게 되고 마침내는 노쇠현상을 불러 일으켜 죽음에까지 이르게 되는 것입니다.

이외에도 운동 부족으로 인해서 일어나는 신체적 질병들이 많습니다. 그러나 이 정도로 충분하지 않을까 생각됩니다. 매일 활발한 운동을 충분히 하지 않는 것이 기독교인들의 질병에 중요한 요인이 된다는 것을 모두가 납득할 수 있을 만큼 충분히 설명되었기를 바라는 바입니다.

1. 하나님은 인간이 육체적으로 활발히 활동을 하도록 창조하셨습니다.

2. 인간의 기본적인 육체적 활동은 식량 공급을 위한 농경활동을 통하여 얻어졌습니다.

3. 얼마 전까지만 해도 많은 사람들이 자작농업으로 식량을 해결했었습니다.

4. 최근에 와서 가공 식품들을 쉽게 살 수 있게 되어 인간의 운동량이 대폭 줄어들면서 육체적인 질병들이 나타나기 시작했습니다.

5. 생명을 유지하기 위한 기본요소는 공기(산소), 물, 식량, 운동(활동)입니다.

6. 매일 운동을 활발하게 하지 않으면 근육 세포는 탄력을 잃어버립니다.

7. 매일 활발하게 운동을 하지 않으면 림프가 적절히 움직이지 못하여 몸세포의 정화기능과 영양공급 기능을 잘 감당하지 못하게 됩니다.

8. 매일 활발하게 운동을 하지 않으면 근육 축소가 일어납니다.

9. 매일 활발하게 운동을 하지 않으면 인체는 산소를 원활하게 공급받지 못하고 혈관은 막히게 되며 정신력이 둔화됩니다. 더 나아가면 잦은 건망증과 노쇠현상이 찾아 들고 마침내는 죽음에 이르게 됩니다.

10. 매일 활발하게 운동을 하지 않는 것, 이것이 기독교인들이 병드는 중요한 원인들 중의 하나입니다.

스트레스와
부정적인 정서

"그리하면 모든 지각에 뛰어난 하나님의 평강이
그리스도 예수 안에서 너희 마음과 생각을 지키시리라
종말로 형제들아 무엇에든지 참되며
무엇에든지 경건하며 무엇에든지 옳으며 무엇에든지 정결하며
무엇에든지 사랑할 만하며 무엇에든지 칭찬할 만하며
무슨 덕이 있든지 무슨 기림이 있든지 이것들을 생각하라.
내가 궁핍하므로 말하자는 것이 아니라
어떠한 형편에든지 내가 자족하기를 배웠노니"

(빌 4:7–8, 11)

Chapter 8

Chapter

8

　근 20여년의 목회 기간 동안에 나는 많은 기독교인들을 만났는
데 수많은 신자들이 흔히 정서적으로 문제를 가지고 있다는 것을
알게 되었습니다. 실제로, 목회하시는 분들 중에는 기독교인들의
정서 불안 문제만을 집중적으로 다루는 분들이 많은 것으로 알고
있습니다.

　그런데 정서 불안 문제는 확실히 질병의 한 형태입니다. 그러나
많은 사람들은 그것을 질병으로 보지 않으려고 하며 인정하려고도
하지 않습니다. 실제로 많은 이들은 자신에게 문제가 있다는 사실
조차도 인정하려 들지 않습니다. 그리고 설사 자신의 문제를 인식
하고 도움 받기를 원하는 사람이 있다고 하여도, 도움은 그 원인을
다루지 않고 증상만을 다루려고 하는 것이 보통입니다.

예수께서는 우리가 기쁘게 살기를 원하신다

성경에 써 있는 것처럼 예수님은 우리가 기쁘게 살기를 원하십니다. "여호와를 경외하며 그 도에 행하는 자마다 복이 있도다 네가 네 손이 수고한 대로 먹을 것이라 네가 복되고 형통하리로다"(시 128:1-2). "이러한 백성은 복이 있나니 여호와를 자기 하나님으로 삼는 백성은 복이 있도다"(시 144:15). "삼가 말씀에 주의하는 자는 좋은 것을 얻나니 여호와를 의지하는 자가 복이 있느니라"(잠 16:20). "내가 온 것은 양으로 생명을 얻게 하고 더 풍성히 얻게 하려는 것이라"(요 10:10).

기독교인들은 마음이 기쁜가

기독교인들 중 얼마나 많은 사람들이 진정으로 행복하고 풍요로우며 활기에 넘치는 삶을 살고 있습니까? 만약 그런 삶을 살고 있지 못하다면 이유는 무엇일까요?

무엇인가 잘못되면 기독교계에서는 흔히 모두 죄 때문이라고 생각하는 경향이 있습니다. 만약 당신이 질병에 들면 틀림없이 어떤 사람은 이렇게 말할 것입니다. "하나님 앞에서 회개하시오." 만약 당신에게 불행한 일이 생기면 "당신이 하나님 앞에 다 털어 놓고 회개한다면 일이 잘 풀릴텐데"라고 말할 것입니다.

이와 같이 우리는 인간에게 생기는 육체적인 병이나 정서적인 모든 문제들이 영적인 것에서 비롯된다고 믿기가 쉽습니다. 우리는 우리가 이해하지 못하는 것들을 모두 하나님 탓으로 돌리거나 우리가 앓는 질병의 가장 기본적인 원인이 영적인 것에 근원한다고 믿고 있다는 것은 참 흥미로운 일입니다.

물론 나는 죄가 어떤 경우에도 그 원인이 되지 않는다고 말하려는 것이 아닙니다. 그러나 그 원인들은 대체로 보다 명백한 다른 원인이 있다고 나는 믿고 있습니다. 그리고 정서불안 역시 그것을 일으키는 다른 원인이 분명히 있습니다.

두 가지의 정서

인간의 정서는 크게 두 가지밖에 없습니다. 즉 모든 정서는 긍정적이 아니면 부정적입니다. 만일 한 개인이 가진 정서의 흔적을 추적하여 그 감정들을 긍정적인 것과 부정적인 것으로 나누어보면 대다수의 기독교인들이 가지고 있는 정서가 부정적인 쪽에 치우쳐져 있을 것입니다. 이 얼마나 비참한 일입니까?

간단히 말하면 인체가 정신적인 면이나 육체적인 면에서 고무되어 가지게 된 느낌을 정서라고 합니다. 그런데 이 정서의 영향력이 워낙 강력하여 아무도 깨닫지 못한 가운데 우리의 삶과 주위의 사람들에게 그 무엇보다 더 크게 영향을 줍니다.

긍정적인 정서

만일 우리들이 기쁨, 사랑, 행복, 평화, 만족 등 긍정적인 느낌을 갖고 있으면 유쾌한 밝은 빛이 우리 몸 전체에 영향을 미쳐 심지어 주위 사람들에게까지 전달됩니다. 이들 긍정적인 정서로 인하여 우리들의 삶 자체에 긍정적인 효과를 얻게 되어 육체적으로도 건강을 증진시킵니다.

그런데 닭이 먼저일까요, 달걀이 먼저일까요? 기독교인들에게는 이 질문에 대한 해답이 아주 쉽습니다. 답은 물론 닭입니다. 왜냐하면 하나님은 모든 것을 완벽하게 창조하셨으니까요. 정서의 경우에서도 어느 것이 먼저일까요? 긍정적인 정서가 건강한 육체를 만들까요, 아니면 건강한 육체가 건강하고 긍정적인 마음을 만들까요? 대부분의 경우에 후자일 것이라고 말할 것입니다. 그러나 반드시 그렇지는 않습니다.

개인적인 경험

나 자신의 경험으로는 내가 새로운 스타일로 생활방식을 바꾸었더니, 내 몸도 육체적으로 반응하고 더욱 건강해졌으며, 그에 따라서 내 정서도 더욱 더 긍정적으로 되었다는 사실을 깨닫게 되었습니다. 사실, 생활양식을 바꾸기 전 나의 사고 방식은 아주 저차원의 상태에까지 내려가 있었음을 고백하지 않을 수 없습니다.

그래서 개인적으로 볼 때 형편없는 식사를 하고 활발한 운동을 하지 않은 것이 원인이 되어 결과적으로 부정적으로 생각하면서 살게 되었다는 것을 알게 되었습니다. 내가 식사법을 바꾸고 매일 활발한 운동을 시작하면서 폐에 넉넉한 산소를 흡입하게 되자 내 몸에 치유가 일어나기 시작했으며 정서는 더욱 더 긍정적으로 변해 갔습니다.

사실 조깅을 할 때마다 나는 고도로 넉넉한 느낌인 소위 행복감과 안정감을 맛보게 됩니다. 조깅을 하는 동안 나의 정신력은 매우 예리해지고 최상으로 맑게 사고할 수 있게 되어 정말 최선의 결정을 내릴 수 있게 됩니다. 영양학자들은 가장 강력한 항우울증 치료제가 활발한 운동이라고 주장합니다.

부정적인 정서

김기나 두통, 혹은 좀 더 심각한 질병으로 인하여 우리 몸이 적절하게 움직여 주지 않으면 우리는 부정적으로 사물을 보고 느끼게 됩니다.

그렇게 되면 문제가 복잡하게 엉킵니다. 이렇게 육체적인 질병들이 생기면 부정적인 정서 속으로 빠져 듭니다. 스스로 청소하고 치유하려는 몸이 지니고 있는 자가 치유능력이 그런 부정적인 정서들 때문에 상실되고 맙니다.

육체가 청소를 하는 등의 자가 치유능력이 방해를 받으면 그로 인한 스트레스로 인하여 더 많은 부정적인 정서가 생깁니다. 이런 악순환이 계속 눈덩이처럼 커져 버리면 그 결과는 치명적이 됩니다. 애석하게도 수많은 기독교인들 가운데는 그러한 고통을 겪는 사람들이 많습니다.

두려움, 걱정, 슬픔, 증오, 질투, 분노 또는 그와 유사한 정서들이 몸 전체에 부정적으로 영향을 끼칩니다. 그러한 감정들은 주변에 있는 사람들에게도 부정주의를 심어줍니다. 이러한 부정적인 정서가 인체의 정상적인 기능을 단절시켜 인체에 악영향을 입힙니다. 우리 몸은 말 그대로 유동전기 에너지에 의해 돌아가고 있는데 그 부정적인 정서는 그 에너지를 소멸시켜 버립니다.

많은 기독교인들이 정서적인 문제를 가지고 있다

기독교인들은 여러 가지로 정서적인 문제를 가지고 있는데 아직까지도 그 이유가 명확히 밝혀지지 않고 있습니다. 기독교인들이 정서적인 문제에 부딪히면 흔히 문제의 원인을 다른 사람에게 돌리기도 하고 다른 일 때문에 생겼다고 책망하는 경향이 있습니다. 대체로 그들 문제가 자신의 내부에 있다는 것을 인정하지 않습니다. 사실은 바로 그들 자신들이 문제입니다.

어떤 이들은 이러한 부정적인 정서에서 벗어나고자 약물에 기댑니다. 심지어 기독교인들조차도 그러합니다. 작은 약병에 들어 있는 알약에 의지하려고 하는 것입니다. 어떤 이들은 알코올에 기대려고도 합니다. 어떤 이들은 담배나 커피, 사탕이나 초콜릿으로 일시적인 해소를 꾀하고 끊임없이 스낵을 먹어대는 것으로 해소해 보려고 합니다.

우리들이 앞의 6장에서 공부한 바와 같이 모든 약물은 부정적인 사고와 우울증을 동반합니다. 약을 먹어서 어떤 효과가 있다고 하더라도 그것은 기껏해야 일시적인 현상일 뿐입니다. 궁극적으로 그러한 약들은 사정을 더욱 어렵게 만듭니다.

설탕은 정서에 악영향을 끼치는 가장 잔인한 범죄자들 중의 하나입니다. 혈당치를 조정하는 여러 기관들을 망가뜨리기 때문입니다. 설탕을 과다하게 섭취하면 혈당치가 과도하게 오르게 됩니다.

그래서 정서가 롤러코스트에 실린 사람처럼 오르내리게 되는 것입니다. 그러한 점에서 여러분들은 6장을 다시 한번 더 읽어 보시기 바랍니다.

부정적인 생각의 입력

기독교인들에게 일어나는 부정적인 정서의 원인은 동전의 양면처럼 서로 다른 면을 가지고 있습니다. 한쪽 면을 보면 육체적인 질병 때문에 부정적인 정서가 생겨납니다. 반면에 다른 면에서 보면 부정적인 생각을 유발하는 부정적인 사고가 입력되어 있는데 그것이 육체적인 질병을 일으킵니다.

우리들은 10대의 청소년들에게 이렇게 가르칩니다. "너희들이 현재 즐겨하는 생활 습성이 너희들의 인생을 결정하게 된다. 너희들이 읽고 듣고 보는 것들 모두가 너희들의 컴퓨터인 뇌에 들어가서 선과 악으로, 그리고 긍정과 부정으로 입력된다. 그리고 결국에는 입력된 대로 출력되게 되어 있다."

성경은 "스스로 속이지 말라 하나님은 만홀히 여김을 받지 아니하시나니 사람이 무엇으로 심든지 그대로 거두리라"(갈 6:7)고 하십니다. 이것은 결코 고칠 수가 없는 법칙입니다.

텔레비전 연속극

예를 들어, 텔레비전 연속극을 열심히 본다면 사랑과 결혼에 대한 긍정적이고 건전한 정서를 유지하기가 무척 힘들 것입니다. 왜냐하면, 연속극에 나오는 주부나 남편들은 서로 배우자들을 속입니다. 육체적으로 학대를 하는 일이 보여지고, 알코올중독, 이혼 등 온갖 나쁜 일들이 연속극에서는 벌어지고 있습니다. 이와 같은 삶의 부정적인 이야기들이 시청자들에게 입력이 되면 그 결과는 어떻게 되겠습니까? 많은 기혼자들이 나쁜 영향을 받게 되어 결과적으로 이혼으로 치닫게 됩니다.

오늘날 방영되고 있는 TV속의 대부분의 프로그램들은 부정적인 것들입니다. 많은 기독교인들이 이런 프로그램을 통하여 정서에 영향을 받습니다. 그런데 이런 프로그램에는 폭력이 있고, 살인과 강간이 자행되고, 전쟁과 학대, 범법, 마약, 도둑질 등등이 일어나고 있습니다.

유치원에도 안 들어간 아이들(3-5세 사이)이 일주일 동안 평균 30시간이나 텔레비전을 시청합니다. 아이들이 16세쯤이 되면 학교에 있는 시간은 12,000시간인 데 비하여 TV를 보는 시간은 무려 16,000시간이나 됩니다. TV로부터 들어오는 부정적인 사고의 입력으로 인해 생기는 악영향은 실로 계산하기가 두려울 정도입니다.

요즘 유행되는 유행가 가사는 부정적 생각, 약물중독, 알코올 상용, 불륜을 조장하고 있습니다. 뉴스를 보도하는 매체들도 항상 세상의 부정적인 사건들만 다투어 보도하고 있는 것 같습니다.

기독교인들이 해야할 일은?

행복하고 풍요로운 삶을 누리면서 살고자 하는 기독교인이면 누구나 될 수 있는 대로 부정적인 사고가 입력될 수 있는 상황을 적극적으로 피해야 합니다. 왜 그렇게 해야 할까요? 부정적인 생각들이 바로 부정적인 사고방식을 만들기 때문입니다. 부정적인 사고는 그 사람의 생활과 미래에, 심지어는 그가 만나는 모든 사람들에게 불행과 악영향을 동시에 초래하기 때문입니다.

이와 같은 부정적인 생각과 감정은 인체에도 부정적인 영향을 주어 인체의 활동에 피해를 줍니다. 부정적인 감정, 스트레스, 우울증은 육체적으로 많은 질병들을 일으킵니다.

교회에서 입력되는 극심한 부정적 정서

이 장에서의 결론을 내리기 전에 짚고 넘어가고 싶은 것이 있습니다. 그것은 내가 하나님의 사역에 종사해 오는 동안 내게 줄곧 있어 온 염려스러운 관심사로서, 시간이 흐르면 흐를수록 그 정도가 더욱 증폭되어 왔던 것입니다. 그것은 교회에서의 부정적인 입력입니다. 그런데 그 부정적인 입력이 설교자에게서 나온다는 것을 주목하기 바랍니다.

내가 신학대학의 학생 시절에 초청목사로 온 한 분이 "청년 설교자"라는 제목으로 강의를 한 적이 있었습니다. 그 강의의 핵심 취지는 "만약 여러분이 유명한 목사가 되어 큰 교회를 세우고 싶다면 반드시 모든 일에 부정적으로 설교를 해야 합니다. 관계되는 일들이 무엇이든 반드시 부정적으로 설교해야 합니다."라고 했습니다.

그 특별한 메시지는 나에게 너무도 깊은 감명을 주었습니다. 졸업 후, 나는 오랫동안 목회생활을 하면서 이러한 방식으로 설교를 했습니다. 그러나 시간이 지나갈수록 그런 설교 방식에 점점 흥미를 잃어갔고 차차 그러한 설교로 인해 교인들에게 줄 결과가 마음에 들지 않게 되었습니다.

그렇습니다. 확실히 우리 기독교인들은 무엇인가에 저항해야 합니다. 예수님께서도 그러셨기 때문입니다. 그러나 우리는 부정적인 생각에 너무 치우쳐서 긍정적인 것을 뒷전으로 밀어놓는다거나 완전히 말살해서는 절대로 안 됩니다. 부정적인 사고를 장려하는 우를 범하여 죄책감에 사로잡히는 일이 있어서는 안될 것입니다.

복음 – 적극적인 메시지

복음의 메시지는 적극적인 메시지입니다.

1. "하나님이 세상을 이처럼 사랑하사…"(요 3:16)

2. "친히 나무에 달려 그 몸으로 우리 죄를 담당하셨으니…"(벧전 2:24). "…그리스도께서 우리 죄를 위해 죽으시고 장사 지낸 바 되었다가 성경대로 사흘 만에 다시 살아나사"(고전 15:3–4).

3. "영접하는 자 곧 그 이름을 믿는 자들에게는 하나님의 자녀가 되는 권세를 주셨으니"(요 1:12). "또 너희의 범죄와 육체의 무할례로 죽었던 너희를 하나님이 그와 함께 살리시고 우리 에게 모든 죄를 사하시고"(골 2:13).

4. "너희가 하나님의 성전인 것과 하나님의 성령이 너희 안에 거 하시는 것을 알지 못하느뇨"(고전 3:16). "그러하나 진리의 성 령이 오시면 그가 너희를 모든 진리 가운데로 인도하시리니 그가 자의로 말하지 않고 오직 듣는 것을 말하시며 장래 일 을 너희에게 알리시리라"(요 16:13).

5. "우리가 담대하여 원하는 바는 차라리 몸을 떠나 주와 함께 거하는 그것이라"(고후 5:8).

6. "주께서 호령과 천사장의 소리와 하나님의 나팔로 친히 하늘 로 좇아 강림하시리니 그리스도 안에서 죽은 자들이 먼저 일

어나고 그 후에 우리 살아 남은 자도 저희와 함께 구름 속으로 끌어올려 공중에서 주를 영접하게 하시리니 그리하여 우리가 주와 항상 함께 있으리라 그러므로 이 여러 말로 서로 위로하라"(살전 4:16-18).

위의 보기들은 처음부터 끝까지 전부 긍정적인 메시지입니다. 기독교인이라면 지상에서 사는 사람들 중에서 반드시 가장 행복한 사람들이 되어야 합니다. 기독교인들은 각자 창조주이신 하나님을 알고 있습니다.

기독교인들은 그들이 어디서 왔는지를 알고 있습니다. 기독교인들은 그들이 왜 여기에 존재하고 있는지를 알고 있습니다. 기독교인들은 이 생이 다하면 그들이 어디로 가는지도 정확히 알고 있습니다.

긍정적인 기독교 신앙이 필요하다

모든 목사로부터 교역자와 일반 신도들에 이르기까지 우리들 모두가 절대적이고 긍정적인 자세를 가지고 기독교 신앙에 접근해야 합니다. 우울증과 운명적 강박관념인 콤플렉스에 시달리는 기독교인들을 우리는 너무 자주 만나게 됩니다. 그러한 콤플렉스가 정신

질환과 육체적 질병을 야기시키고 있습니다. 사랑하는 교우들이여, 이런 일들이 우리들에게 일어나게 해서는 절대로 안 됩니다.

세상의 많은 사람들이 기독교를 멀리 하고 가까이 하려고 하지 않았습니다. 그 이유는 기독교가 금지하는 것이 많은 종교인데다가 세상 사람들이 접촉했던 많은 크리스천들이 긍정적이고 행복하지만은 않았기 때문입니다. 이 세상 사람들로 하여금 언제나 긍정적인 기독교 정신을 보여 줄 필요가 있습니다. 기독교인들은 긍정적인 정서를 두드러지게 가져야 합니다. 그것은 자신의 정신적 육체적 행복을 위해서 그렇게 해야 할 뿐만이 아니라 한편으로는 부정적인 낡은 세상에 무엇인가 다른 것을 보여 주기 위해서 또한 그렇게 해야 합니다.

기독교인들이라면 이 세상에서 가장 행복하고 건강한 사람들이어야 합니다.

1. 많은 기독교인들이 불안한 정서에 시달리고 있습니다.

2. 정서는 크게 긍정적인 것과 부정적인 것으로 나뉩니다.

3. 긍정적인 정서를 가져야 행복해지고 건강해집니다.

4. 부정적인 정서는 불행과 육체적 질병을 초래합니다.

5. 육체적 질병은 극도로 부정적인 정서를 낳습니다.

6. 약물은 부정적인 정서를 완화시키지 않고 오히려 악화시킵니다.

7. 올바른 식사법과 활발한 운동을 통하여 신체적으로 더욱 건강해지면 더욱 긍정적인 정서를 갖게 됩니다.

8. 부정적인 생각을 주입시키면 부정적인 정서를 낳게 합니다.

9. 우리는 우리의 컴퓨터인 뇌에 입력시키는 대로 되어집니다. "심은 대로 거두리라"는 말씀처럼…

10. 성경이 주는 메시지는 긍정적인 것입니다.

11. 세상 사람들에게 긍정적인 기독교인들을 보여 주어야 합니다.

12. 기독교인들은 지상에서 가장 행복하고 가장 건강해야 합니다.

하나님의 천연법칙에 대한 위반들

"만물이 그에게 창조되되 하늘과 땅에서 보이는 것들과
보이지 않는 것들과 혹은 보좌들이나 주관들이나 정사들이나
권세자들이나 만물이 다 그로 말미암고 그를 위하여 창조되었고
또한 그가 만물보다 먼저 계시고 만물이 그 안에 함께 섰느니라"

(골 1:16–17)

"하나님이 그 지으신 모든 것을 보시니 보시기에 심히 좋았더라…"

(창 1:31)

Chapter 9

위의 구절들을 읽어 보면 하나님이 세상을 창조하실 때 세상을 완벽하게 만드셨을 뿐만 아니라 천연법칙도 같이 만드셔서 당신이 만드신 완벽한 창조를 영존하게 하신 것을 알 수 있습니다. 하나님의 완벽한 피조물들이 지배받도록 하신 것이 바로 이 천연법칙인 것입니다.

이 천연법칙을 따르지 않고는 그의 피조물들이 스스로 존재를 유지할 수 없습니다.

천연법칙들

하나님의 천연법칙의 한 예로서 우리가 익히 잘 알고 있는 중력을 들 수가 있습니다. 이 법칙은 천지창조 시에 하나님에 의해 창조되었습니다. 질서를 유지하고 인간이 땅에서 여기 저기 마음대로 안전하게 돌아다닐 수 있도록 하기 위하여 만드신 것입니다. 만약 하나님이 이 법칙을 만드시지 않았다면 이 지구에서 사는 것이 아마 매우 혼란스러웠을 것입니다.

이 법칙이 창세 때부터 존재했음에도 불구하고, 인간들은 이 중력의 법칙에 대해서 비교적 최근까지 모르고 있었다는 사실은 흥미로운 일입니다. 이 법칙이 존재하고 있다는 사실을 잘 모르고 있다고 해서 그 법칙을 위반했을 때 생길 수 있는 결과가 면제될 수 있을까요? 물론 그렇지 않습니다.

사람들이 법칙의 존재를 알든 모르든 간에 그 법칙을 위반하면 위반자는 대가를 치르게 됩니다. 예를 들어 사람이 높은 벼랑 끝에 너무 가까이 가면 떨어지게 됩니다. 그는 바위 위로 떨어져 결국 죽게 될 것입니다. 왜냐하면 그는 천연법칙을 어겼기 때문입니다. 마찬가지로 뜨거운 난로를 만지면 살갗이 데입니다. 달리는 차 앞으로 나서면 부딪혀 다치거나 죽게 됩니다. 어떤 이유에서든 물 속에 얼굴을 얼마 동안 담그고 있으면 익사하고 맙니다. 이와 같이 데거나, 다친다거나, 또는 죽음을 맞게 되는 것은 다 같이 천연법칙을 무시한 결과인 것입니다.

천연법칙에는 차별이 없다

위에서 말한 모든 결과는 천연법칙을 위반한 데서 나타납니다. 천연법칙을 위반하면 병이 들거나 상처를 입거나 궁극적으로는 죽음에도 이르게 되는데, 위반자가 천연법칙을 알거나 모르거나 관계하지 않고 그러한 일들이 발생합니다. 천연법칙의 위반자가 기독교인이냐 아니냐도 상관하지 않습니다. 천연법칙의 위반자가 성령이 충만하건 안하건 상관 없습니다. 천연법칙은 그의 존재를 알든 모르든 관계하지 않고 저절로 누구에게나 적용됩니다. 그 법칙을 몰랐다고 해서 위반에 대한 결과가 달라지는 법은 절대로 없습니다.

건강과 치유에 대한 천연법칙

하나님은 인간을 창조하실 때 튼튼하고 완전한 건강체로 만드셨습니다. 하나님은 이물질이 몸 안으로 들어오거나 몸이 손상되면 즉시 이에 반응하도록 인간의 뇌를 프로그램하셨습니다. 몸을 지닌 마스터플랜을 지닌 유전자인 DNA와 DNA의 활동을 도와 주는 세포화학물질인 RNA를 통해서 하나님은 아담과 이브의 직계 후예로부터 오늘날의 우리들에게 이르기까지 이런 자동 반응을 입력시켜 놓으셨습니다.

어떤 사람이 손을 베었다고 하면 그 사람은 상처부위를 깨끗이 씻어 둡니다. 그러나 그 상처를 아물게 하는 작업을 하도록 자동적으로 가동하는 것은 우리들의 뇌입니다. 우리는 바로 우리 눈 앞에서 치유의 놀라운 기적이 일어나는 것을 우리의 눈으로 직접 볼 수가 있게 됩니다. 우리들 대부분도 각자 이와 같이 우리 몸이 치유된 것을 경험한 적이 있습니다. 칼로 베인 상처, 충돌했을 때 생긴 혹, 타박상, 화상 등 과거에 우리가 앓았던 많은 육체적 고통들이 치유되지 않았습니까?

질병은 천연이 아니다

하나님이 우리의 두뇌에 치유력을 입력시켜 놓은 것으로 보아 하나님은 우리가 질병에 걸리는 것을 원치 않으신다는 것을 분명히 알 수 있습니다.

어떤 사람이 병에 걸렸다면 그것은 그 사람이 천연법칙을 무시했기 때문입니다. 더 이상 다른 이유가 없습니다. 그러나 3장에서 언급한 것과 같은 하나님의 영광을 나타내기 위해서 생긴 병과 회개하지 않은 죄로 인하여 생긴 병은 예외입니다.

환자가 병 낫기를 원한다면, 제일 먼저 병을 일으키도록 원인이 된 천연법칙에 대한 위반을 중단해야 합니다. 그런 다음 그 천연법

칙에 순응해야 합니다. 하나님의 법칙들을 이해하게 되면 따르기
가 대단히 쉽습니다.

또한 질병이 스스로 치유하려고 하는 우리 몸의 노력이라는 것
을 아는 것도 중요합니다. 아프다는 것은 바로 치유 노력에 대한
목격 그 자체라는 것입니다.

앞 장에서 언급한 감기가 바로 그 좋은 예입니다. 우리 몸의 세
척과 자가 치유의 또다른 증세들을 살펴보면 열, 임파선염, 편도선
염, 맹장염, 여드름 등입니다. 이러한 증세들을 그대로 무시해 버
리거나 약물을 투여하거나, 아니면 증세를 억제하기 위하여 수술
로 떼어버린다면 결과는 더 심각한 질병으로 발전합니다. 그리고
심해지면 젊은 나이에 죽게 됩니다.

각자의 책임

많은 사람들은 자신의 질병에 대해 스스로 책임이 있다는 사실
을 받아들이지 못하고 있습니다. 자신이 제어할 수 없는 균이나 바
이러스, 또는 몸 밖에서 들어온 어떤 물질이 자기 몸에 병을 일으
켰다고 믿기가 훨씬 쉽습니다. 자기 스스로 그 병을 불러일으킨 장
본인이라는 사실을 인정하기가 어렵습니다. 흔히 사람들이 무지하
여 병이 나면 하나님 탓으로 돌리거나 하나님의 뜻이겠지 하면서

자신의 탓으로 돌리지 않고 피해갑니다.

성경에는 끊임없이 개인의 책임에 대해 가르치고 있습니다. "스스로 속이지 말라 하나님은 만홀히 여김을 받지 아니하시나니 사람이 무엇으로 심든지 그대로 거두리라"(갈 6:7). 그리고서 "너희가 하나님의 성전인 것"(우리의 신체)과 하나님의 성령이 너희 안에 거하시는 것을 알지 못하느뇨. 누구든지 하나님의 성전을 더럽히면 (웹스터 사전:순수하고 완전한 것을 타락시킨) 하나님이 그 사람을 '멸'하시리라 (웹스터 사전: 존재를 말살하다) 하나님의 성전은 거룩하니 너희도 그러하니라"(고전 3:16~17). 그 성경 구절을 다시 한번 읽어 보시기 바랍니다.

건강법칙은 하나님이 창조하신 천연법칙으로서 거꾸로 뒤집을 수 없는 법칙입니다. 따라서 여러분이 기독교인이든지 비기독교인이든지, 혹은 성령 충만한 교인이든지 흐리멍텅한 교인이든지 그것은 전혀 중요하지 않습니다. "이같이 한즉 하늘에 계신 너희 아버지의 아들이 되리니 이는 하나님이 그 해를 악인과 선인에게 비취게 하시며 비를 의로운 자와 불의한 자에게 내리우심이니라"(마 5:45).

만일 어떤 사람이 육체의 건강을 지키는 하나님의 천연법칙을 어긴다면 그 사람은 조만간 자기가 위반한 결과를 스스로 거두어야 합니다. 그것은 피할 수가 없는 법칙입니다.

인체는 심한 학대조차도 견딜 수 있다

우리는 2장에서 하나님이 창조하신 우리의 인체가 얼마나 신비로운 것인지 약간이나마 공부한 바가 있습니다. 4장부터 8장을 통하여 우리는 사람이 자기 몸에 스스로 저지르는 일이 바로 육체적인 질병을 일으키게 한다는 사실을 배워 알았습니다.

인공적인 물질이나 우리들에게 좋지 않은 물질을 우리가 먹었을 때 우리 몸이 그 즉시로 격렬하게 반응을 보인다면 좋겠지요. 그러나 사람들은 종종 인체가 표현하는 격렬한 항의나 반응조차도 무시하고는 합니다.

의심할 여지가 없이 이 책의 독자 중에는 처음으로 담배를 피웠을 때 인체가 나타냈던 격렬한 반응을 기억해 낼 수 있을 것입니다. 그런데도 많은 사람들이 계속하여 그 독한 연기를 빨아들이고 있습니다.

오랫동안 인체의 경고장치가 보내는 반응을 무시하면 그 경고장치가 마비되거나 소멸되어 버립니다. 그리하여 더 이상 몸으로부터 오는 저항이 없어져 버립니다. 그래서 이제 흡연자는 담배를 푸푸거리며 거침없이 피워대면서 생명을 줄여갑니다. 그것이 천연법칙을 위반하는 것임을 끝내 깨닫지 못한 채… 인간의 폐는 맑고 깨끗한 공기가 필요하다는 하나님의 천연법칙을 어기고서 말입니다.

천연법칙의 위반을 몸이 어떻게 나타내는가

감기, 열, 두통, 복통, 소화불량, 속쓰림, 편도선염, 맹장염, 여드름, 종기, 두드러기, 암내, 관절염, 천식, 담석, 신장결석, 간경변증, 변비, 당뇨병, 심장병, 뇌졸중, 고혈압, 비만증, 폐렴, 종양, 정맥염장, 암 등 이 모두가 환자들이 천연법칙을 무시했을 때 나타나는 증상들입니다.

하나님은 사람의 몸을 신묘막측하게 만드셨습니다. 그래서 우리 몸은 수많은 학대를 받으면서도 계속적으로 그 기능을 유지해 나갑니다. 우리 몸은 스스로 더럽혀진 몸을 정화시키고, 고치고 다시 세우는 노력을 계속합니다.

자정능력과 치유능력은 인간이 창조될 때 두뇌에 입력되었습니다. 그 능력은 아담과 이브 이래로 오늘날 태어난 우리들 한 사람 한 사람에게까지 대대로 물려 내려왔습니다.

그렇지만 하나님께서 만드신 인체가 아무리 경이로운 존재라고 할지라도 학대를 받아들이고 견디어낼 수 있는 데는 한계가 있는 것입니다. 그리고 더 이상 학대를 견디지 못할 지경에 이르면 가장 혹사당한 장기나 혹은 타고날 때부터 허약했던 부위부터 차례로 허물어지기 시작하는 것입니다.

담배, 알코올. 커피 등

물론 온몸의 모든 다른 기관들도 담배 해독에 시달리게 되지만 그 중에서도 흡연자에게는 폐가 가장 먼저 피해를 입습니다. 애석하게도 이 피해는 쉽게 나타나지 않다가 몸에 심각한 손상을 가져온 후에야 드러납니다.

알코올, 커피, 홍차, 청량음료를 즐겨 마시는 사람들은 간이 가장 먼저 그 피해를 입고 무너지게 됩니다.

코카인, 마리화나를 상용하는 사람들은 두뇌세포가 가장 먼저 무너집니다. 마리화나를 피우는 사람은 흡연자와 비슷한 질병으로 고통받게 됩니다. 마리화나에는 담배에 비해 4배의 타르와 일산화탄소가 들어 있습니다.

설탕 상용자들은 췌장과 그에 연관된 장기들이 먼저 무너져 내려 혈당에 문제가 생깁니다. 이에 대하여는 이미 8장에서 이야기한 바가 있습니다. 인체에 대한 모든 학대와 위반은 인체를 부정적으로 파괴시키는 효력이 있습니다. 우리들이 "아프다", "병이 났다"고 말하는 상태는 인체가 자정하고 치유하려는 노력의 표현입니다. 인체에 대한 학대를 적당한 시기에 그치지 않으면 병이 늘어가면서 결국은 조기 사망에 이르거나 돌연사를 맞게 됩니다.

인체는 자가치유력을 가졌다

이 장의 앞부분에서 우리는 건강과 치유에 대한 천연법칙이 있음을 배웠습니다. 손을 베었을 때, 멍이 들거나 화상을 입었을 때 우리는 천연법칙이 적용되어 우리 몸이 스스로 치유하는 것을 두 눈으로 보았습니다.

기독교인들도 비기독교인들과 마찬가지로 건강에 대한 천연법칙을 많이 어겨 왔습니다. 나도 인생의 상당 기간 동안에 그 천연법칙을 많이 어겼음을 알고 있습니다. 내가 범한 그 위반의 결과로써 나는 대단히 심각한 질병들을 상당히 가지고 있었습니다.

다음 장에서 하나님이 주신 건강과 치유의 천연법칙을 재고해 보고자 합니다. 우리 모두 이 법들이 어떠한 것인지 공부해 보겠습니다. 이들 천연법칙들을 잘 따르고 실천하면 건강한 사람이 건강을 유지하며 살 수 있을 뿐만 아니라, 이미 몸 속에 병을 가진 사람들도 대부분의 질병을 치유할 수 있음을 알게 될 것입니다.

1. 하나님이 사람을 만들었을 때 그의 피조물인 인간에게 적용시킬 수 있는 천연법칙을 만드셨습니다.

2. 하나님의 창조는 완벽했습니다. 천연법칙은 이 완벽함을 유지시킬 수 있도록 설계되었습니다.

3. 천연법칙은 모든 사람에게 적용됩니다. 그 법칙들은 누구에게나 동등하게 적용됩니다. 기독교인이든 비기독교인이든 간에 만민에게 적용됩니다.

4. 아프다는 것이나 질병에 걸렸다는 것은 천연적으로 일어나는 것이 아닙니다. 그것은 인체가 자가정화와 자가치유를 위하여 드러내 보이는 증상일 뿐입니다.

5. 어느 누구든지 각자 자신의 건강에 스스로 책임이 있습니다. 인간은 자신의 신체적 질병을 다른 사람이나 다른 것의 잘못으로 돌릴 수 없습니다.

6. 인체는 엄청난 학대를 견디어낼 수가 있으나 거기에는 분명히 한계가 있습니다. 모든 학대는 인체의 질병으로 그 결과가 나타납니다.

하나님이 주신
건강 천연법칙

"하나님이 보신즉 땅이 패괴하였으니
이는 땅에서 모든 혈육 있는 자의 행위가 패괴함이었더라
하나님이 노아에게 이르시되…
내가 그들을 땅과 함께 멸하리라"

(창 6:12-13).

Chapter 10

Chapter

10

하나님께서 인간을 창조하신 지 대략 일천 년이 지났을 때 하나님이 말씀하시기를 "사람을 멸하리라" 하셨습니다. 왜 그랬을까요? 그 이유는 사람들이 하나님이 의도하신 삶의 방법대로 살지 않고 그것을 타락시켰기(웹스터 사전: 바꾸다, 원래의 상태에서) 때문이었습니다.

하나님께서 의도하신 삶의 방법을 인간이 바꿔버린 것에 대하여 성경말씀이 재차 말씀하시는 것을 들어 보시기 바랍니다. 그것은 인간에게 두 번째의 기회를 주신 뒤의 일이었습니다. "스스로 지혜 있다 하나 우준하게 되어… 이는 저희가 하나님의 진리를 거짓 것으로 바꾸어 피조물을 조물주보다 더 경배하고 섬김이라… 또한 저희가 마음에 하나님 두기를 싫어하매 하나님께서 저희를 그 상실한 마음대로 내어 버려두사 합당치 못한 일을 하게 하셨으니"(롬 1:22, 25, 28).

하나님의 도덕률

모든 기독교인들은 사람들이 어떻게 해서 하나님의 도덕률을 어겼으며 또한 파괴시켰는지를 확실히 알고 있습니다. 하나님께서 정한 윤리법칙은 구약과 신약을 통하여 명확히 공표되어져 있습니다. 거기엔 살인, 절도, 거짓말, 사기, 매음 등에 대하여 경고하고 있습니다. 그러나 인간은 하나님의 법칙을 위반하여 자기 멋대로 살았고 행동했습니다. 사람들은 그들이 저지른 위반에 대한 대가로서 엄청난 값을 치르게 되었습니다.

하나님의 천연법칙에 대한 인간의 무지

대부분의 기독교인들은 하나님의 윤리법칙을 준수하려고 노력하고 있습니다. 그러면 하나님의 천연법칙인 물리와 화학에 대한 법칙에 대해서는 어떻게 하고 있습니까? 이 분야야말로 대부분의 기독교인들에게는 생소한 것입니다. 왜 그럴까요? 기독교 신앙이 거의 전적이다시피 인간의 정신적인 측면만 가지고 부각시켜서 헌신했을 뿐이고 육체적인 면에 대하여는 무시해 버렸기 때문입니다. 그렇지만 인간은 정신, 영혼, 육체의 세 요소가 합쳐진 존재라고 성경은 분명히 가르치고 있습니다. "평강의 하나님이 친히 너희로 온전히 거룩하게 하시고 또 너희 온 영과 혼과 몸이 우리 주 예수 그리스도 강림하실 때에 흠 없게 보전되기를 원하노라"(살전 5:23).

왜 기독교인들이 하나님의 천연법칙을 무시해 왔는지는 나도 모르겠습니다. 아예 거부하기까지 해왔습니다. 심지어 목사들조차도 그랬습니다. 그러나 내가 확실히 알고 있는 것은 이 천연법칙은 실제로 존재하고 있다는 것입니다. 그리하여 기독교인이건 아니건 간에 이 법칙을 위반하게 되면 엄청난 대가를 치르면서 받지 않아도 될 고통 속에서 신음하다가 결국은 때 이른 죽음에 이르기까지 한다는 사실입니다.

나의 간증

앞 장에서 내가 하나님의 천연법칙을 내 몸에 적용시켰을 때 내가 경험했던 신체상의 변화에 대하여 말한 적이 있습니다. 그것은 거의 믿기지 않는 변화였습니다. 신체의 기능에 대하여 잘 모르는 분들에게는 아마 기적이라고 여겨질 만도 할 것입니다. 내가 식사법과 생활방식을 고치고 나서 개인적으로 경험했던 변화에 대하여 몇 가지 말씀드리도록 하겠습니다.

첫째, 나의 암은 사라졌거나 휴지상태에 들어갔습니다. 17년이 지난 지금에는 그것이 사라진 것인지 휴지상태에 들어간 것인지를 알아보기 위하여 의사를 찾아갈 필요가 없게 되었습니다.

둘째, 150/90이었던 혈압이 110/70으로 떨어졌습니다.

셋째, 쉬고 있을 때의 맥박수가 최저 70에서 최고 40으로 떨어졌습니다.

넷째, 알레르기 증상이 없어졌습니다. 일 년 중 어느 기간에는 알레르기가 너무도 심하여 약을 먹지 않고는 설교를 할 수 없을 정도였습니다.

다섯째, 콧물 흐르던 것이 멈추어졌습니다.

여섯째, 시력이 좋아졌습니다. 20년 전에 맞춘 안경을 아직도 사용하고 있는데 아직도 잘 맞습니다.

일곱째, 몸 냄새와 비듬이 사라졌습니다.

여덟째, 수술을 하지 않으면 안되었던 치질이 없어졌습니다.

아홉째, 내가 하나님의 천연법칙을 따르기 시작한 1976년부터 나는 보통의 감기, 위경련, 인플루엔자, 두통, 소화불량, 변비 또는 다른 질병들을 앓아본 적이 없습니다. 하나님께 영광을 돌립니다. 하나님의 천연법칙과 살아서 역사하는 진리가 사역하신 것입니다.

마지막으로, 놀랄 만큼 육체적 힘이 증대되었습니다. 지구력이 무한할 정도로 늘었습니다. 나의 인체기능이 20대 청년들과 대적할 정도입니다. 42세 때의 나는 계단을 오르는 것도 숨이 찼었습니다. 그러나 17년이 지난 지금은 산도 단숨에 거뜬히 뛰어오르고 있습니다.

이 책에서 가르치고 있는 것을 인정하지 않아도 좋습니다. 그러나 이 책에서의 가르침을 나의 육체에 적용했을 때에 일어난 놀라운 사실까지 부정하지는 못할 것입니다.

천연법칙이란 무엇인가

1976년도부터 도대체 무엇을 했기에 나의 육체와 건강에 그러한 실제적인 변화를 가져왔을까요? 인간이 건강을 유지하도록 하나님이 만드신 천연법칙이란 어떤 것일까요? 약물을 투여하거나 방사선으로 태우거나 수술로 절단하지 않고 또 죽음에까지 이르게 하는 대신에 위반을 중단하기만 하면 인간의 육체적 질병을 치유해 주는 하나님이 만들어 주신 천연법칙이란 과연 무엇일까요?

이런 질문들에 대답을 하려면 우리는 창세기로 돌아가 하나님이 사람에게 어떤 말씀을 하셨는가, 어떤 환경에서 살게 하셨는가를 알아 보아야 합니다. 또한 어떤 방식으로 살아가라고 태초에 가르치셨는지도 알아야 할 것입니다. 그것이 바로 하나님의 뜻하신 바이기 때문입니다.

"나 여호와는 변역지 아니하나니 그러므로 야곱의 자손들아 너희가 소멸되지 아니하느니라"(말 3:6).

예를 들어 봅시다

한 가지 예를 들어 봅시다. 성경말씀에 하나님께서 "아담을 창조 하신 이후에 그 사람을 하나님이 이끌어 에덴 동산에 두사… 지키 게 하시고"(창 2:15)라고 했습니다. 그리고 사람이 죄를 짓게 되자 "에덴 동산에서 그 사람을 내어 보내어 그의 근본 된 토지를 갈게 하시니라"(창 3:23)고 했습니다. 나는 여기에서 알게 된 사실이 하나 있습니다. 하나님이 의도하신 대로 사람이 살지 않고 그 생활이 거 기서 동떨어지면 동떨어질수록 여러 가지 어려움을 겪을 가능성이 훨씬 높아질 것이라는 것입니다. 따라서 사람은 도시 교외에서 살 기보다는 농촌에서 사는 것이 하나님의 계획에 더욱 가깝습니다. 또 도시생활은 교외생활보다 더 하나님의 계획에서 멀어지는 것입 니다.

탁한 공기와 오염된 물, 복잡한 교통, 소음, 범죄, 바삐 돌아가는 생활 등등으로 이루어지는 콘크리트 숲 같은 도시생활에서 보다는 시골길이나 숲 속을 거닐든지, 혹은 밭에 나가 땀을 흘리며 사는 편이 창조주 하나님과 밀접해 있다는 느낌을 더 많이 갖게 될 것이 라는 나의 의견에 대다수의 독자들은 동의할 것입니다.

하나님은 인간이 땅을 가까이 하면서 살기를 원하셨습니다. 그 것은 인간의 근본이 토지(창 3:23)에서 비롯되었기 때문입니다. 하 나님은 처음부터 동방의 에덴에 동산을 창설하시고 그 지으신 사람을 거기 두셨습니다(창 2:8).

인간은 120세까지 살 수가 있다

만약 우리가 건강하고 행복하며 육체적으로 활동적인 삶을 누리기를 원하면, 병이나 질병 없이 살고 죽는 날까지 그대로 살기를 원하면, 반드시 하나님의 천연법칙을 지키는 생활을 해야 합니다. 사고나 주님 재림의 경우를 제외하면 인간은 120세 정도까지 살 수가 있습니다. 우리가 천연법칙을 더 가깝게 지키면 지킬수록 우리에게는 더 큰 건강과 장수가 보상으로 주어질 것입니다. 노아의 홍수 이후에 하나님은 인간의 수명에 대하여 이렇게 말씀하셨습니다. "그들의 날은 일백 이십 년이 되리라"(창 6:3).

이 장의 나머지는 성경의 가르침을, 함축된 가르침이나 직접적이고 분명한 가르침 모두를 실제적인 경험에 비추어 보고 또 현대 과학지식을 적용시켜 보겠습니다. 그리하여 하나님이 만드신 건강에 대한 천연법칙들이 무엇인지를 알아보도록 하겠습니다.

1. 순수한 공기

에덴의 동산에서 맛볼 수 있는 공기는 어떠했을까요? 아마 가장 가깝게 표현할 수 있는 말은 "순수한 공기"가 아닐까요? 그 공기는 동산에 있는 식물과 나무들에서 나오는 생명적 산소를 가졌을 것입니다. 인체에 가장 필요한 것이 순수한 공기입니다. 우리들이 필요로 하는 모든 영양의 약 96%는 공기에서 나옵니다. 따라서 공기가 순수할수록 질이 더 좋은 영양을 얻게 됩니다.

우리들이 더 나은 건강을 누리려면 오염된 공기를 피해야 합니다. 공기의 오염도가 크면 클수록 인체에 미치는 해가 더 큽니다. 담배를 피우신다면 즉시 금연을 하십시오. 담배연기로 가득한 방에는 들어가지 마십시오. 탁한 공기로 가득한 장소도 피하십시오.

만일 공기가 탁한 도시에 살고 있다면 도시의 변두리 지역으로 이사하여 오염을 피하십시오. 신선하고 순수한 공기를 마시기 위해서 생활에 어떠한 변화든지 가져야 한다면 심각하게 고려해 보아야 합니다. 당신의 건강과 삶, 바로 그것은 순수한 공기의 넉넉한 공급에 좌우됩니다.

2. 물

하나님은 그의 피조물인 인간에게 물을 주셨습니까? 그렇습니다. "강이 에덴에서 발원하여 동산을 적시고…"(창 2:10).

하나님은 인류에게 어떤 물을 주셨을까요? 그것은 "순수한 물"이라고 표현해야 가장 맞는 대답일 것입니다. 물론 창조 직후에는 강물이 금방 오염되지는 않았을 것입니다. 요한계시록 22장 1절을 보면 "저가 수정같이 맑은 생명수의 강을 내게 보이니…"라고 했는데 당시의 물은 천국에서 먹는 물이라고 했습니다.

오늘날 인간이 지구를 너무나 오염시켜서 그로 인해 순수한 물의 근원지를 거의 찾을 수가 없게 되었습니다. 빗물조차도 오염된 대기 속을 거치면서 땅에 떨어질 때쯤에는 오염물질이 섞여서 순수하지 않게 됩니다. 오늘날 순수한 물을 얻으려면 가정에서 직접 정수를 하는 것이 가장 이상적일 것입니다.

나는 1976년 이래 집에서 스텐레스 증류수기를 이용하여 깨끗하게 만든 물을 마시고 있습니다. 처음에 약간의 투자가 필요하지만 우리들과 가족의 몸이 건강하기를 원한다면 순수한 물만을 마셔야 하는 것입니다.

우리 몸은 물을 이용하여 독을 씻어내고 제거하기도 하고 윤활유처럼 쓰이기도 합니다. 또 인체에 열이 생기면 이를 식히는 데도 물이 사용됩니다. 실제로 인체의 75% 내지 85%는 물로 구성되어 있습니다. 건강을 유지하기 위하여 인체를 정화하고 치유시키기 위해 적절한 기능을 하려면 인체는 반드시 순수한 물을 필요로 합니다.

3. 깨끗한 살아 있는 음식

"여호와 하나님이 그 땅에서 보기에 아름답고 먹기에 좋은 나무가 나게 하시니"(창 2:9).

"하나님이 가라사대 내가 온 지면의 씨 맺는 모든 채소와 씨 가진 열매 맺는 모든 나무를 너희에게 주노니 너희 식물이 되리라"(창 1:29).

인체에 필요한 모든 영양 중에서 불과 4%만을 음식으로부터 충당합니다. 그래도 적절한 음식을 바른 방법으로 만들어 먹지 않으면 인체는 튼튼하고 건강하며, 활력이 있으며 힘이 찬 세포를 만들지도 못하며 인체의 건강을 최상의 상태로 유지시키지도 못하게 됩니다.

좋지 않은 음식을 먹거나 잘못된 방법으로 조리해 먹으면 몸을 상하게 하고 몸의 순환에 장애를 일으키게 하고 각종 질병을 일으키게 합니다.

그러면 하나님께서 우리들이 어떻게 먹기를 원하셨는지를 알아보도록 하겠습니다.

첫째, 아담으로부터 노아의 시대에 살았던 모든 인간들은 채식과 과일식을 하였습니다. 창세기 1장 29절에 "하나님이 가라사대 내가 온 지면의 씨 맺는 모든 채소와 씨 가진 열매 맺는 모든 나무를 너희에게 주노니… 너희 식물이 되리라."고 말씀하셨습니다. 육식이 없었던 그때의 인간들은 평균 912세까지 살았습니다. 병을 앓았다는 기록은 어디에도 없습니다. 이런 관점에서 창세기 첫 다섯 장 말씀을 읽어보시면 아주 흥미로울 것입니다.

둘째, 천지창조 이후 1000년이 지나도록 인간들은 육식을 하지 않았습니다. 노아의 방주 이후 모든 채소들이 물에 의해 파괴가 되었으므로 육식을 먹기 시작했습니다. 창세기 9장 3절을 참조하십시오. 육식을 먹기 시작하고 몇 세대가 지나지 않아 900년이라는 긴 수명이 100년 정도로 줄어든 것은 흥미로운 사실입니다. 창세기 11장을 보면 수명이 급경사를 타듯이 단축된 데 대하여 생생하게 표현하고 있습니다. 그리고 인간의 수명은 계속해서 70세까지로 줄어들게 되었습니다.

셋째, 창세기의 인간들은 음식을 있는 그대로 변경하지 않고 천연상태의 생것으로 먹었습니다. 창세기 이후 처음 천 년 동안 인간이 음식을 익혀 먹었다는 구절이 성경에 한 군데도 없습니다. 물론 그때에는 가스도 없었고 전자레인지나 전기 오븐도 없었습니다.

넷째, 당시의 음식은 가공처리가 되지 않았습니다. 포장을 하지도 않았고 통조림을 하거나 냉동하지도 않았으며 방사능 처리를 하지도 않았습니다. 거기에다가 화학약품이 가미된 방부제, 색소, 향료, 성장촉진제, 항생제 등이 첨가되지도 않았습니다.

다섯째, 모든 식물은 유기농법으로 재배되었습니다. 당시에는 인공농약, 살충제, 제초제, 살균제를 식물이나 농지에 뿌리지 않았습니다.

지금까지의 내용을 요약해 보면, 인간들이 먹었던 원래의 음식은 생야채, 생과일, 익히지 않은 씨앗과 곡류, 그리고 견과류였습니다. 물론 이러한 식물들은 어떤 농약의 독성분도 뿌려지지 않은 상태에서 재배되었습니다. 이러한 음식물들을 통째로, 생것으로, 살아 있는 상태로 요리를 하지 않은 채 먹었으며 가공하거나 첨가물이 보태어지지도 않았습니다.

이러한 음식이 음식으로 여겨질지는 모르지만 현대인들의 음식과 한번 비교해 볼까요? 오늘날 우리가 섭취하는 음식물의 대부분은 위에서 말한 진짜 음식과는 거리가 먼 것입니다. 문제는 "쇠고기는 어디 있지요?"(역자주: 타사의 햄버거에 소고기 양이 적음을 강조하고 자사의 고기 양이 많음을 선전하기 위한 미국 어느 햄버거 식당의 유명한 광고 문구)가 아니라 "음식은 어디에 있지요?"입니다. "영양가는 어디에 있지요?" "인간이 먹도록 하나님께서 원하신 천연적이고 온전한 음식은 어디에 있지요?"

우리 몸은 수조의 살아 있는 세포로 형성되어 있습니다. 이 살아 있는 세포들에게 죽은 음식으로는 영양을 줄 수는 없습니다. 생명이 생명을 낳습니다. 익혀서 만든 음식들은 모두 죽은 음식입니다. 음식을 조리하면 열이 모든 효소를 죽이고 비타민도 80% 이상을 파괴합니다. 단백질의 형태를 바꾸어 인체에서 쓸모가 없도록 만들어 버리고 유기미네랄들을 무기미네랄로 바꾸어 버립니다.

생식을 하고 있는 사람들을 상대로 조사를 해 보았더니 열에 익힌 요리를 먹었을 때 체내에 들어온 이물질인 독을 처리하기 위해서 백혈구의 숫자가 두 배로 불어나 있었습니다.

음식을 조리하지 않고 생식으로 먹어야 한다는 나의 주장은 아마도 이 책의 내용 중에서 가장 받아들이기가 힘든 부분이 될지도 모르겠습니다. 왜냐하면 수천 년 동안 음식을 익혀 먹어 왔기 때문입니다. 그것은 습관일 뿐입니다. 대부분의 인간들은 익힌 음식에 중독이 되어 있습니다.

지상에 존재하는 모든 동물 중에서 인류만이 음식을 익혀서 먹습니다. 음식을 가공해서 먹는 사람들의 세계에는 질병이 있지만 동물의 세계에서는 실제로 질병이 존재하지 않습니다. 비교적 최근에 들어 와서 인간의 손이 닿지 않는 오지에서 살아가는 부족들이 발견되었습니다. 그들은 문명세계와의 접촉이 수천 년간 끊어져 있었는데 아픈 사람이나 병에 걸리는 사람이 없었다고 합니다. 그들이 가공식, 소위 문화인들이 먹는 죽은 음식을 먹기 시작하자 문명사회에서 갖고 있는 질병들을 얻게 되었다고 합니다.

오늘날 누구든지 아픔과 질병을 피하고 최상의 건강을 누리려면 될 수 있으면 음식을 하나님께서 만들어 놓으신 그대로 또는 인간이 먹도록 하나님께서 의도하셨던 방식대로 먹어야 합니다. 즉 가공하지 않고 첨가물을 넣지 않고 익히지도 않고 또 유기농법으로 재배한 것을 먹어야 합니다.

4. 힘찬 운동

하나님이 인간을 창조했을 때에 인간이 육체적으로 활동하게 하셨습니다. 그 이유는 인간이 생명을 유지하기 위해서는 육체적 노력이 필요했기 때문입니다. 창세기 2장 15절을 보면 하나님이 "그것을 다스리며 지키게 하시고…" 라고 했습니다. 또 창세기 3장 19절에는 그것을 다스리며 지키려면 땀이 흘러야 한다라고 했습니다. 창세기 3장 23절에 "…그의 근본 된 토지를 갈게 하시니라."고 하셨습니다. 하나님은 인간이 양식을 만들기 위하여 활동을 하도록 창조하셨습니다. 활동을 하되 땀을 흘려야 하도록 하셨습니다. 성경에서는 심지어 "누구든지 일하기 싫어하거든 먹지도 말게 하라 하였더라"(살후 3:10)고 까지 말씀하고 계십니다.

우리는 근래에 와서야 운동이 건강한 몸을 유지하기 위하여 얼마나 중요한지를 알게 되었습니다. 그러나 아직도 많은 사람들은 육체적인 노동을 피할 수가 있게 된 것을 자랑합니다. 몸이 적절한 기능을 발휘하고 월등한 건강을 누리고자 한다면 반드시 매일 매일 운동을 활발하게 하는 것이 절대적으로 요구됩니다.

5. 풍부한 일광

하나님은 인간이 주로 야외에서 풍부한 일광을 받으면서 살 수 있도록 창조하셨습니다. 실제로 인간은 동산에서 충분히 햇빛을 받으면서 살 수 있는 존재로 창조되었습니다. "아담과 그 아내 두 사람이 벌거벗었으나 부끄러워 아니하니라"(창 2:25).

오늘날, 많은 사람들은 대부분의 시간을 집 안에서 지냅니다. 어쩌다가 시간이 나는 주말 또는 휴가 기간에나 야외에서 지내고 있습니다. 오존층에 구멍이 나 있어서 인체에 해로운 광선이 쏟아진다고는 하나 이러한 문제는 일 년 중 가장 더운 계절의 가장 더운 시간에만 일어나는 것일 뿐입니다.

그러나 인체는 햇볕이 없다면 제대로 기능을 할 수가 없습니다. 모든 하나님의 창조물은 생명을 유지하기 위하여 햇볕에 의지합니다. 태양은 사람에게 필요한 비타민 D의 최고 공급원입니다. 태양이 없다면 우리 몸은 칼슘을 흡수하지 못합니다. 태양은 인체에 에너지를 공급합니다. 태양은 몸을 덮어주고, 진정시켜 주기도 합니다.

사람은 가능한 야외에서 신선한 공기와 햇볕을 받으면서 많은 시간을 보내는 것이 좋습니다. 치유력이 있고 아물게 해주는 능력이 있는 광선 속에 실제적으로 상황에 알맞게 우리 온몸을 젖게 하는 것이 좋습니다. 그러나 평소에 햇볕을 오랫동안 쐬지 않은 사람은 한꺼번에 일광욕을 오래 해서는 안 됩니다. 또한 햇볕에 피부가 타지 않게 주의해야 합니다.

6. 적당한 휴식

"노동자는 먹는 것이 많든지 적든지 잠을 달게 자거니와 부자는 배부름으로 자지 못하느니라"(전 5:12).

낮 시간에 열심히 육체 노동을 하는 사람은 밤에 잠이 쉽게 들며 대부분 숙면을 합니다. 그러나 육체적 활동이 없었던 사람은 잠들기가 쉽지 않으며, 또한 잠이 들었다 해도 깊은 잠을 자지 못합니다. 매일 육체의 활동이 없으면 인체의 기능이 제대로 작동되지 않는 것입니다.

수면의 목적은 내일의 활동을 위하여 인체가 스스로 청소하고 내일의 활동을 위한 에너지를 재충전하면서 세포를 수리하고 재생시키는 데에 있습니다. 보통 사람들은 일생의 1/3을 수면으로 보냅니다. 사람들은 수면을 즐겨야 합니다. 맑은 공기가 있는 곳에서 수면을 취해야 합니다. 아주 조용한 곳이라야 합니다. 신선하고 순수한 공기가 풍부한 곳에서 자야 합니다. 수면을 취하기에 가장 좋은 장소는 야외입니다. 그와 가까운 장소이면 비슷한 조건이 갖추어져 있기 때문에 더욱 좋습니다. 창문을 활짝 열어 놓고 자는 것도 좋은 방법입니다.

이번 장에 나와 있는 천연법칙을 잘 지켜내면, 필요한 수면의 양이 줄어드는 것이 보통입니다. 그것은 깨끗한 인체는 자정, 재건, 재충전에 대한 시간이 많이 필요하지 않기 때문입니다. 얼마만큼 양질의 수면을 취할 수 있는가 하는 것은 육체적으로 정신적으로 또는 정서적으로 얼마나 건강한지를 가늠해 볼 수 있는 척도이기도 합니다.

7. 긍정적 사고

"마음의 즐거움은 양약이라도 심령의 근심은 뼈로 마르게 하느니라"(잠 17:22).

이미 성경은 수천 년 전에 벌써 우리의 사고 방식과 정서와 몸의 컨디션 사이에는 어떤 관계가 있다고 가르치고 있습니다. 오늘날 많은 질병이 우리들의 부정적인 사고와 불안한 정서에서 초래한다는 것은 아주 분명한 사실입니다.

부정적인 사고는 육체를 쇠약하게 합니다. 부정적인 정서는 실제로 육체적인 질병을 일으킵니다. 부정적인 사고는 "기독교인이 왜 병에 걸리는가?"에 대한 여러 대답들 중의 하나입니다.

긍정적인 사고방식과 긍정적인 인생관이 건강하고 행복하며 성공적인 삶을 만드는 요소들입니다.

오늘날의 사회

오늘날 우리들이 살고 있는 세계는 하나님이 아담과 이브에게 주셨던 세계와는 아주 다릅니다. 그들은 모든 것이 천천히 돌아가는 세상에서 생활을 했기 때문에 스트레스가 거의 없었으며 육체적인 활동이 많았습니다. 거기에는 아침 8시부터 오후 5시까지 일해야 하는 직장이 없었으며, 야간 근무도 없었습니다. 또 출장을 다니면서 무엇인가를 팔아야 하는 골치 아픈 직업도 물론 없었습니다. 매달마다 지불해야 하는 전기료, 전화료, 자동차 할부금, 월세, 신용카드 청구서도 없었습니다. 그곳에는 라디오도 텔레비전도 없었고 전화도 없었습니다. 교통 혼잡도 사이렌 소리도 없었습니다.

그렇습니다. 그들은 아름다운 나무들과 꽃과 식물들, 새들의 아름다운 노래 소리로 둘러싸인 더할 나위 없이 완벽한 환경에서 살았습니다. 시냇가에서 조잘대듯 졸졸 흐르는 물소리를 들으며 고요히 숲속에서 살랑대는 나뭇잎 소리, 우람하게 우거진 나무들 사이로 윙윙대며 부는 향그러운 바람소리들 속에서 그들은 살았습니다.

현대 사회는 너무도 빨리 돌아갑니다. 너무 달아올라 있습니다. 많은 사람들이 이웃이나 친구들과 보조를 맞추려고 뛰어 다니고 소위 필요한 것들을 갖기 위해서 미친 듯이 달려 갑니다. 생에서 더 나은 것을 갖기 위해 앞으로 앞으로 돌진하고 있습니다. 원래 하나님이 만들어 놓은 세상은 간소하며, 기초적이고 아름다워서, 사람들은 하나님의 창조에 가까이 다가가기만 하면 되었습니다. 그러나 사람들이 생활을 전혀 다르게 바꾸어 버렸습니다. 하나님께서 의도하신 것보다 훨씬 더 어렵게 되었습니다. 인간이 하나님의 방법들을 타락시켰습니다. 하나님이 의도하신 대로 살지 않고 생활방식을 인간이 스스로 바꾸어 버렸습니다.

나는 물질적으로는 풍부하나 비참하고 불행하게 살고 있는 사람들을 많이 만나 보았습니다. 반면에 가진 것은 적지만 충만하고 행복한 삶을 누리며 자연에 더 가깝게 살고 있는 사람들을 보아왔습니다.

"그러나 지족하는 마음이 있으면 경건이 큰 이익이 되느니라 우리가 세상에 아무것도 가지고 온 것이 없으매 또한 아무것도 가지고 가지 못하리니 우리가 먹을 것과 입을 것이 있은즉 족한 줄로 알 것이니라"(딤전 6:6-8).

결론의 말씀

아픔이나 질병, 그리고 육체적인 질병들은 결코 천연적인 것이 아닙니다. 그것들은 하나님이 만드신 천연법칙을 위반할 때 치르는 중벌입니다. 하나님은 인간이 생을 기쁘게 살도록 원하셨습니다.

"내가 온 것은 양으로 생명을 얻게 하고 더 풍성히 얻게 하려는 것이라"(요 10:10).

하나님은 우리들이 또한 건강하기를 원합니다.

"사랑하는 자여 네 영혼이 잘됨같이 네가 범사에 잘되고 강건하기를 내가 간구하노라"(요삼 1:2).

누구든지 건강하지 않으면 인생을 즐길 수도 없으며 다른 일을 할 수도 없습니다.

하나님은 건강하고, 행복하며, 성령충만한 삶을 누릴 수 있는 길을 만드셨습니다. 하나님께서 마련해 놓으신 풍성한 복을 받아들이는 것은 우리 모두에게 달려 있습니다.

"너희가 이것을 알고 행하면 복이 있으리라"(요 13:17).

복　습

하나님의 천연법칙을 다시 읽어보는 것이 10장을 가장 잘 공부하는 최선의 방법입니다. 하나님의 법칙에는 여러분의 건강과 행복, 미래, 그리고 여러분의 삶 그 자체를 여는 열쇠가 들어 있습니다.

이제는 우리가
무엇인가를 해야 할 때이다

"내가 오늘날 천지를 불러서 너희에게 증거를 삼노라
내가 생명과 사망과 복과 저주를 네 앞에 두었은즉
너와 네 자손이 살기 위하여 생명을 택하고"

(신 30:19)

Chapter 11

11

내가 이 책의 제10장을 쓰고 있는 동안에 2통의 편지가 왔습니다. 그 편지들을 읽고서 나는 무척 우울했습니다. 그러나 그 편지들로 인하여 이 책의 중요성이 분명히 드러나게 되었습니다. 하루 빨리 모든 기독교인들의 손에 이 책을 전해주어야 한다는 것을 알게 되었습니다. 그 첫번째 편지는 나의 누이 캐롤린으로부터 온 것이었습니다.

그리운 조지 오빠

살다 보면 이런 일 저런 일 다 겪게 되겠지만 오늘 저는 사람이 들을 수 있는 최악의 슬픈 소식을 전합니다. 제 남편이 암으로 저 세상으로 먼저 갔습니다. 그의 나이 겨우 52살이었어요. 우리들은 서로 무척 사랑했지요. 집도 새로 장만하게 되어 우리들은 정말 행복했어요.

8월에 들어서면서 그의 행동이 아주 미심쩍어지기 시작했어요. 그는 언제나 다정하고 상냥스러운 사람이었는데 갑자기 모든 것에 난폭해지기 시작했어요. 누가 되었건 눈에 띄기만 하면 상스런 욕을 퍼부어 대는 거예요. 특히 저를 보면 더 심했어요. 나는 무척 놀랐고 당황했어요. 그 사람에게 어떤 일이 생겼는지조차 상상할 수 없었어요. 그이가 신체적으로 병을 앓고 있으리라고는 꿈도 꾸어 보지 못했지요. 7월 10일에 탈장 수술을 받았지만 의료진들은 수술경과가 아주 좋다고 했거든요.

9월이 되면서 그의 왼쪽 다리에 있던 좌골신경통이 악화되었어요. 그 뒤 얼마 지나지 않아 왼쪽 어깨에 통증이 일어났어요. 그리고 9월 20일에는 그의 왼쪽 목뼈가 부러졌어요. 밤중에 그런 일이 일어났어요. 응급실로 급히 옮겼는데 그곳에서는 날이 새면 반드시 의사의 진찰을 받아 보도록 권하더군요. 그래서 입원을 시켰지요. 26일에 의료진들이 그가 암에 걸렸다고 했어요. 그것도 아주 심한 암이랬어요. "길어야 1년 남짓"이라는 말을 들었어요.

어떤 말을 듣던지 상관 없었어요. 우리는 싸울 준비를 단단히 하면서 그들이 오진했다는 것을 증명해 내기로 했어요. 그러나 그럴 기회는 없었어요. 그는 화학요법, 방사선요법을 받았어요. 그의 고통은 끔찍한 것이었어요. 가슴을 찢는 듯한 고통이었어요. 그러나 그는 아주 용감했답니다. 나의 정신적인 고통은 그가 겪는 육체적인 고통과 비례했어요. 나는 그를 소중한 꽃을 다루듯이 했어요. 그는 아주 허약해졌고, 뼈만 남았어요. 그는 정말 힘들어 했어요. 때론 울부짖기도 했어요. 내가 그를 도우려고 열성을 내는 데에 짜증을 냈어요. 내가 괴로워하면 그는 즉시 "미안해. 나에게 너무 신경 쓰지마. 나 당신을 정말 사랑해. 알잖아."라고 말하고는 했어요. 그는 정말 다정한 남자였어요. 도대체 그를 도울 방법이 나에겐 없었어요. 나는 그에게 그가 나을 것이란 희망을 주려고 했어요.

그가 세상을 떠나기 전날 밤 어느 분이 병문안을 왔습니다. 그리고는 마치 남편이 곧 죽을 것처럼 그를 위해 기도를 올리는 것이었어요. 그때 갑자기 프랭크가 눈을 뜨더니 크고 또렷한 목소리로 크게 말했어요. "잠깐! 나는 다른 길을 택하겠어. 지금 치료중이야. 알지?" 그가 그렇게 믿게 되자 나도 그렇게 믿게 되었어요. 그날밤 그는 침대에서 일어나 방안을 돌아다녔어요. 그리고 내가 병원을 나왔을 때 입원 후 처음으로 병실 창문에서 나에게 손을 흔들었어요. 다음날 아침 일찍 옷가방을 들고 병원에 갔었어요. 그가 귀가하도록 예정되어 있었지요. 그러나 그는 혼수상태에 빠진 채였고 그리고는 다시는 깨어나지 못했어요. 그의 발은 새까맣게 변했으며 손도 그렇게 변해가고 있었어요.

나는 암이 그처럼 무서운 병이라고는 상상도 하지 못했어요. 한 시간 동안만이라도 그가 깨어나서 다정한 이야기를 나눌 수 있었다면 얼마나 좋았을까요? 암이 발견된 뒤로 우리는 서로 이야기할 틈이 없었어요. 그러나 그는 다시 깨어나지 못했어요. 무엇인가 주었어야 했는데… 생명과 사랑은 참으로 소중한 것이지요. 그러나 한 생명과 사랑이 우리 곁을 영원히 떠날 때까지는 그것들이 그만큼 소중하다는 것을 알 도리가 없었어요. 그것은 상상할 수도 없이 억장이 무너지는 체험이었답니다.

나는 그 사람이 정말 그리워요. 다시 살릴 수만 있다면 얼마나 좋을까요? 그러나 어디를 돌아보아도 문들이 닫혀 있고 잠겨져 있어요. 영원히… 그는 정말 좋은 사람이었어요. 그런 그에게 불행이 닥치다니요? 우리들이 왜 이런 일을 당해야 하죠? 왜 그이에게 이런 일이 닥쳤지요? 설명해 줄 수 있겠어요? 왜 하나님은 우리들에게 이러한 시련을 주셨을까요?

조지 오빠, 제발 답장 좀 주세요.

이 편지에 어떻게 답을 할 수 있을까

답신의 한 부분을 이 책에 옮겨보기로 하겠습니다.

너의 편지를 몇 분 전에 받았다. 눈물이 앞을 가려 차마 편지를 읽기가 어렵구나. 어떻게 하든 너에게 연락을 취하여 큰 슬픔과 고통에 잠겨 있는 너를 위로하고 싶었다. 때로는 인생이 참으로 불공평하다고 느껴질 때가 있구나. 나에게 잠시 다녀가지 않으련?

캐롤린. 너와 네 남편의 불행을 하나님의 탓으로 돌리지 마라. 사실은 지금 내가 쓰고 있는 이 책을 보면 네가 찾는 물음에 대한 답을 찾을 수 있을 것이다. 이 책의 제목은 "기독교인이 왜 병에 걸리는가?"이다. 그 책에 왜 우리 어머니와 네 남편 프랭크가 암에 걸렸으며 왜 아버지가 심장마비와 뇌졸중이 일어났는지를 적었다. 곧 시내에 나가서 이 책의 복사본을 몇 권 만들어서 너에게 보내주마. 이것은 초고로서 아직 완료된 것은 아니지만 너에게 도움이 되기를 기도한다.

나와 생일이 같은 아이의 죽음

누이로부터 슬픈 편지를 받은 지 며칠이 안되어 나는 "목사님과 생일이 같은 아이, 스잔나가 대수술을 받았지만 지난 12월 15일에 예수님의 품에 안겼습니다."라고 적힌 편지를 받았습니다.

스잔나는 교회에서 만나 결혼으로 맺어졌던 한 젊은 부부의 딸이었습니다. 그들의 결혼식 주례를 내가 서 주었습니다. 그들 부부는 후에 나란히 신학대학에 들어갔습니다. 그후 오랫동안 자신들의 교회를 맡아서 목회생활을 해오고 있었습니다. 그들의 첫딸인 스잔나는 나의 생일인 2월 12일에 태어났습니다. 이와 같은 이유로 스잔나는 언제나 나에게 특별한 느낌을 주던 아이였습니다.

14세밖에 안된 이 어여쁜 소녀가 죽었다고 합니다. 도대체 원인이 무엇이었을까요? 아이의 부모와 이야기를 해본 결과 척추를 누르고 있던 종양 제거 수술의 실패로 이런 변을 당했다는 것입니다.

암에 대한 몇가지의 통계

1. 3-14세 사이의 어린 아이들이 암으로 사망하는 비율이 다른 질병보다 앞서고 있다.
2. 미국 국민 3명 중 1명이 살아가다가 암에 걸리게 되는데 기독교인들도 거기에 포함된다.

3. 현재 미국인들의 사망자 5명 중 1명은 암으로 죽고 있다.

4. 미국의 3가구 중 2가구가 암으로 파괴되어 가는 가족원을 갖게 될 것이다.

5. 매년 약 500,000명의 미국인들이 암으로 사망한다.

6. 미국에서 매년 암치료에 사용되는 비용은 1조 달러를 넘고 있다.

수술, 화학요법, 방사선요법

메리 루트 스왑(Dr. Mary Ruth Swope) 박사가 쓴 빼어난 저서 「보리의 푸른 잎」에 다음과 같은 글이 있습니다. "적어도 30여 년 전에 암을 제거하는 수술이 무용하다는 것이 알려졌습니다. 물론 외과의사는 절대로 인정하지 않을 것입니다. 그들의 메스를 받아줄 환자가 있는 한 그들은 수술을 시행할 것입니다. 그러나 의료계에서는 수술을 하면 암세포가 퍼진다는 사실을 잘 알고 있습니다. 캘리포니아에 있는 카이져 종합병원의 의사들은 방사선 치료가 처음 X-Ray가 정상세포를 태운 곳에 새로운 암을 일으킨다는 사실을 증명했습니다. 화학요법 역시 우리들이 듣고 믿어온 것만큼 치료의 효과가 있는 것이 아닙니다. 화학요법은 혈액 속의 암세포를 파괴시키지만 동시에 건강한 세포까지를 망가뜨리고 대체적으로 면역체계까지 약화시킵니다."

"만일 미국 국민들이 암, 심장병, 관절염, 당뇨병, 비만 등의 질병과 인체를 쇠약하게 하는 요인들에게서 벗어나기를 원한다면 영양을 비롯하여 '천연에서 얻어지는' 치료법을 중요 구성요소로 하는 그런 치료양식을 찾아낼 필요가 있습니다."

"우리들은 의료계가 '천연치료법'을 알려줄 수 있을 것으로는 기대할 수가 없습니다. 그들은 그것에 대하여 무지하기 때문입니다."
(참고: 스왑 박사는 퍼두 대학에서 영양학 교수를 역임했고 그 후 네바다 대학의 식품영양학과의 주임교수, 퀸스 칼리지에서는 가정경제학과의 주임교수, 그리고 이스턴 일리노이 대학의 학장을 역임한 바 있습니다.)

암에 대한 연구조사

정부가 수십억 달러를 암의 연구조사에 사용해 왔지만 암으로 사망하는 사람의 숫자는 증가 일로에 있습니다. 암으로 인한 사망자 수가 1960년에서 1982년 사이에 223%로 늘어났습니다.

최근, 미국 암협회에서 발표한 논문에 의하면 식습관의 개선이 암이 악화되지 않게 도움이 될 수도 있다고 했습니다. 그들은 아래의 사항들을 권장하고 있습니다.

1. 과일, 야채, 전곡류 등 섬유질이 많은 음식을 먹으십시오.

2. 비타민 A와 비타민 C가 풍부한 짙푸른 녹황색, 황색의 과일과 채소를 많이 섭취하십시오.

3. 브로콜리, 양배추, 브라셀스 프라우트, 콜라비양배추, 꽃양배추 등을 먹으십시오.

4. 소금의 섭취량을 줄이고, 훈제나 질산처리된 음식의 섭취를 자제하십시오.

5. 육류와 지방, 그리고 기름의 섭취량을 줄이십시오.

6. 비만을 피하십시오.

7. 알코올 음료의 섭취량을 줄이십시오.

미국인의 사망자 두 사람 중 한 사람은 심장병으로 죽습니다. 매년 백만 명이 넘는 사람들이 심장마비로 사망합니다. 심장질환에 쏟아 넣는 돈이 매년 70억불이 넘습니다.

최근의 통계에 의하면 심장병 관계의 사망률이 다소 줄어들고 있다고 합니다. 줄어들게 된 원인이 식사법의 개선에 있다고 들었습니다. 나는 이 사실이 매우 재미있다고 생각합니다. 왜 그럴까요? 오랫동안 관계당국에서는 우리가 먹는 것과 인체의 건강 사이에는 아무런 상관이 없다고 주장해 왔습니다. 그런데 이제 와서는 식습관을 개선하면 암과 심장병에 걸릴 수 있는 위험을 줄일 수가 있다고 충고를 하고 있습니다.

미국인들을 위한 식생활 지침

1977년 미국 상원의회에서는 "미국인의 식생활 지침"을 발표하였습니다. 미 상원의 영양문제 특별위원회의 위원장인 조지 맥가번(George McGovern) 상원의원은 동 지침의 서문에서 "본 보고서의 목적은 우리들의 식생활 양상이 지난 세대 동안 부정적으로 변화되어 왔다는 사실을 지적하기 위해서입니다."라고 말했습니다.

야당의 유력 인사였던 상원의원 찰스 H. 퍼시(Charles H. Percy)는 "정부와 실업계에서 건강한 식사에 대한 계몽에 참여하지 않으면 미국인들은 현재의 식사법을 계속하게 되어 건강을 잃게 될 것이다."라고 했습니다.

동 보고서의 달성 목표를 보면 음식의 선택과 조리에 있어서 다음과 같은 변화를 제시하고 있습니다.

1. 과일, 녹황색 야채, 그리고 정미하지 않은 통곡식류의 섭취를 현재보다 2배로 늘리십시오.
2. 쇠고기, 돼지고기 등의 육류를 줄이고, 가금류와 생선의 섭취를 증가시키십시오.
3. 지방질이 많이 들어 있는 음식과 포화성 지방을 줄이고 다불포화성 지방을 이용하십시오.
4. 전액 우유 대신에 지방을 뺀 우유를 마셔야 합니다.
5. 버터, 계란 등 콜레스테롤이 높은 음식을 피하십시오.

6. 설탕과 고당분 식품의 소비를 줄이십시오.

7. 소금과 짠 음식의 소비를 줄이십시오.

다음은 "미국인의 식생활 지침"을 발표하면서 가진 기자회견 석상에서 조지 맥가번 상원의원이 발언한 내용입니다.(기자회견: 1977년 1월 14일, 금요일, 덕슨 상원사무실 빌딩 457호)

"안녕하십니까. 본 기자회견은 '미국인의 식생활 지침'이라고 이름 붙여진 영양위원회의 연구에 대하여 설명하고 또 왜 이런 보고서가 필요했었는지를 말씀드리기 위해서 마련되었습니다.

본인은 우선 이 보고서가 미국인의 식사에 내재된 위험요소에 대하여 연방 정부 기관으로서는 맨 처음으로 작성 발표되는 것이라는 점에 주목해 주시기를 요망합니다.

간단한 사실로서 지난 50년 동안에 우리들의 식사 내용이 급속하게 변했습니다. 그 변화는 우리들의 건강에 결과적으로 지대한 영향을 미쳤는데 그 영향은 대부분 매우 해로운 것이었습니다. 이 식생활의 변화는 담배만큼이나 일반대중에게 커다란 위협이 되고 있습니다. 지방, 설탕, 소금의 과다한 섭취는 치사율이 높은 병 중에서도 심장병, 암, 비만, 그리고 뇌졸중 등과 관련이 있을 수도 있고, 또 바로 직접적인 원인이 되기도 합니다. 미국인들의 10대 사망원인 중에서 6가지는 그 원인이 우리들의 식생활과 관련이 있습니다.

정부에 몸담고 있는 우리들은 이 사실을 알려야 할 의무가 있습니다. 일반대중은 지도를 원하며 진실을 원합니다. 바라건대 오늘 우리는 보다 건실한 영양을 통하여 미국인들이 더 나은 건강을 갖게 하는 일의 초석을 놓을 수 있기를 바라는 바입니다."

다음은 헤그 스테드 박사(Dr. D. M. Hegsted)의 연설입니다. (헤그 스테드 박사는 매사추세츠 주의 보스톤 시에 있는 하버드 대학 공중보건대학원의 영양학 교수임. 덕슨 상원 사무실 빌딩의 457호에서 1977년 1월 14일, 금요일에 가진 기자회견에서 이루어졌음.)

"미국민들의 식생활은 계속해서 풍성해졌습니다. 육류가 풍부해지고, 포화 지방질과 콜레스테롤이 높은 식품과 설탕이 풍부해졌습니다. 부유한 사람들이 일반적으로 취하는 이와 같은 식사는 어디에서든지 비슷한 유형의 질병과 연계되어 있는데, 그것들은 혈관수축에 의한 심장병, 각종 암, 당뇨병, 비만과 같은 질병들임이 강조되어야 할 것입니다. 이들이 미국에서 일어나고 있는 사망과 불구의 중요한 원인들입니다.
혈관수축에서 일어나는 심장병, 암, 당뇨병과 고혈압 등은 우리들을 죽음에 이르게 하는 질병입니다. 이러한 질병들이 전 미국인들에게 유행처럼 번지고 있습니다. 우리에게는 우물쭈물할 여유가 없습니다. 우리에게는 현재까지 우리가 알아낸 결과를 국민에게 전해야 할 의무가 있고 또 그들이 바른 식생활을 할 수 있도록 도와 주어야 할 의무가 있습니다. 그렇지 못하면 우리는 우리 책임을 회피하는 것이 됩니다."

다음은 베벌리 위니코프 박사(Dr. Beverly Winikoff)의 연설입니다.
(베벌리 위니코프 박사: 뉴욕 주의 뉴욕 시에 있는 록펠러 재단 근무, 덕슨 상원
의원 사무실 457호실에서 1977년 1월 14일, 금요일에 가진 기자회견에서 이루
어졌음.)

"…어떤 질병에 걸리면 현대의학이 그 질병을 완치하거나 그 질병의 위세
를 떨어뜨릴 능력이 있을 것이라고 믿는 근거 없는 확신이 폭넓게 퍼져있
습니다. 일반적으로 치사력을 가진 질병들을 치유하는 데 있어 유감스럽지
만 현재의 의술에 분명한 한계가 있다는 것을 적절한 대중 계몽을 통하여
강조해야 합니다. 고혈압, 당뇨, 동맥경화증이나 심장병에 걸리기만 하면
그 환자를 원래 가지고 있던 정상적, 생리적으로 회복할 수 있도록 현대의
학이 할 수 있는 일은 별로 없습니다. 이와 같이 현대의학의 한계가 알려지
게 되면서 예방의학의 중요성이 더욱 명백해졌습니다."

다음은 필립 리 박사(Dr. Philip Lee)의 연설입니다. (필립 리는 캘리
포니아 주 샌프란시스코 시의 캘리포니아 주립대학 샌프란시스코 분교의 사회
의학의 교수이자 건강원칙 프로그램 이사입니다. 덕슨 상원의원 사무실 457호
실에서 1977년 1월 14일, 금요일에 가진 기자회견에서 이루어졌음.)

"국가 차원에서 우리는 의학이나 의료기술이 우리의 중요 건강문제를 해
결해 줄 수 있을 것으로 믿게 되었습니다. 암이나 심장병에 있어서 식사법
과 같이 매우 중요한 요소들의 역할이 매우 오랫동안 그 진실이 감추어져
왔는데 그것은 현대의학의 기적을 통하여 이들 질병을 정복하는 것만이 강

조되어 왔기 때문입니다. 매일같이 예방보다는 치료에 주안점이 주어졌습니다. 단순한 의료 수혜만을 더욱 늘리다 보니 문제의 해결은 더욱 어렵게 되어 갔습니다. 결국 현재의 문제점들이 발생하도록 조장한 의료관련 업종의 이해 관계에 대항할 만한 보루는 역시 진실을 아는 대중입니다."

기독교인의 식사법

어떠한 이유에서인지 기독교 신자이든 아니든 일반 미국인들은 먹는 것에 대하여 별로 신경을 쓰지 않았습니다. 이와 같이 관심을 두지 않은 이유는 아마 "식품산업"에 대한 신뢰에서 연유되었을 것입니다. 그들이 해로운 식품을 생산하거나 판매하지 않을 것이라고 믿었고 또한 해로운 식품을 만들지 못하도록 정부 산하 기관에서 보호하고 감독함으로써 국민들을 해로운 상품으로부터 보호해 줄 것으로 믿었기 때문이었을 것입니다.

미국의학협회

그러나 미국의사협회가 시민들의 관심부족에 대한 주된 비난을 감수해야 한다고 나는 믿습니다. 미국에 있는 127개의 의과대학중 단지 3분의 1만이 영양학을 선택 과목으로 개설하고 있고, 그 3분의 1의 반에 해당되는 학교에서만이 영양학 강의에 출석을 요구하고 있음을 아신다면 의사들이 왜 미국 일반인의 식사법의 위험성에 대하여 경고하지 못했는가 이해가 되실 것입니다.

1977년도에 「미국인의 식생활 지침」이 발표되었을 때에 동년 4월 18일에 미국의사협회(AMA)는 영양문제위원회에 "미국인의 식생활 지침 보고서에 보편적인 목표로 설정된 사항들을 우리가 받아들임으로써 우리들의 건강상에 이로움을 얻을 수 있다고 동 보고서가 추정하고 있는데, 그 증거가 확실하지 않을 뿐만 아니라 그 지침에 제시된 목표를 수용하면 오히려 잠재적인 유해 효과가 유발될지도 모릅니다."라는 편지를 보냈습니다.

이로써 1977년이 다 가기 전에 「미국인의 식생활 지침」의 초판본은 폐기되었고 재판본으로 대체되었습니다. 재판본은 1977년 12월에 발행되었는데, 식생활을 바꾸는 것이 해로울지도 모른다고 말한 미국의사협회의 주장을 인용한 새로운 3쪽짜리 서문이 보태어졌습니다. 그 서문은 계속하여 동 보고서의 내용 전체에 신뢰를 떨어뜨리게 하려는 목적으로 식사와 질병의 상관 관계에 대하여 현재까지 과학적으로 아직 입증된 바가 없다고 쓰고 있습니다.

그런데 다시 한번 상기해 봅시다. 이 모든 것들이 바로 일반 국민을 교육하고 보호해야 할 소위 의료 전문가들에게서 나오고 있다는 것을 말입니다. 실제로 현재의 법에 정해진 바에 의하면 그들만이 미국영양사협회(ADA)와 더불어 법적으로 그런 활동을 할 수 있는 유일한 기관입니다.

미국영양사협회(ADA)

그리고 미국 영양사협회로 말할 것 같으면 그 회원인 영양사들은 미국인들에게 무엇을 먹어야 하고 무엇을 먹지 말아야 하며 어떤 음식이 균형식인지를 말할 수 있는 법적인 권리와 의무를 갖고 있습니다. 그런데 그들이 가르치는 내용들을 보면 우스꽝스러울 정도입니다. (우스꽝스러운이라는 단어 ludicrous를 웹스터 사전에서 찾아보면 조소하는 비웃음 또는 불합리하거나, 부조리하여 비웃는, 어리석은, 바보 같은 뜻으로 표현하고 있다.)

ADA가 가르치는 것이 어떤 것인지 알맞는 예를 하나 들어 보겠습니다. 독자들이 사는 지역의 종합병원에서 환자들에게 주는 음식을 한번 눈여겨 보십시오. 그 음식들은 공인 영양사가 차린 환자식입니다. 이러한 식사들을 자세히 분석해보면, 그들 음식이 영양적으로 형편없다는 것이 금방 드러날 것입니다. 그런 식사를 하다 보면 환자들이 하루빨리 완쾌하여 작자 자기 집으로 돌아 갈 수 있게 되기보다는 오히려 병이 악화되어 입원 날짜만 더 늘어날 것이라는 것을 알게 될 것입니다.

ADA가 공인한 메뉴에 대해 생생한 본보기를 하나 더 들어 보겠습니다. 일반 학교의 학생 점심 메뉴를 한번 보십시오. 피자, 기름 투성이 음식물(햄버거, 프렌치프라이 등), 핫도그, 그리고 설탕을 듬뿍 넣은 디저트 등이 대표적인 것들입니다. 그런데 또다시 한번 상기해 봅시다. 이 메뉴들이 미국인들에게 건전한 식생활의 구성이 어떻게 이루어져야 옳은 것인지를 교육해야 할 입장에 있는 소위 전문가들에게서 나온 것이라는 사실을 말입니다.

만일 내 주장이 지나치게 보인다면

내가 쓴 글의 내용의 일부가 거칠다면 너그러히 용서하십시오. 나는 단지 우리가 처한 상황을 기독교인들이 정확히 인식하고 있기를 바랄 뿐입니다. 그러나 누군가가 알리고 경고해 주지 않는다면 기독교인이든 아니든 그들에게 일어나고 있는 일들을 어떻게 알 수가 있겠습니까.

만일 내가 의료계와 미국영양사협회를 깎아 내리고 있다 하더라도 그들 중의 어느 특정 개인을 공공연히 비난하려는 것은 아닙니다. 그들 대부분은 그들의 환자를 진정으로 도우려고 노력합니다. 그러나 그들이 아무리 진정으로 애를 쓰더라도 그들은 영양, 건강과 치유에 대한 총체적인 접근 방법에서 잘못을 저지르고 있습니다. 하나님은 감사하게도 이들 무리들이 활용하고 있는 가르침과 방법이 잘못되어 있음을 나에게 가르쳐 주셨습니다. 그러나 기독교인들이 소위 전문가들의 치명적으로 해로운 가르침을 따르고 그들의 몸에 약물을 쓰도록 허락하고 크리스천의 몸을 태우고 칼질하게 내버려 두는 것을 보면 화가 납니다. 우리 몸은 바로 "하나님의 성전"이 아닙니까?

기독교 학교

오랫동안 기독교인들이 나태하게 지내면서 우리들의 공립학교가 세속적이고 인본주의적인 교육체계로 흘러 가도록 보고만 있었습니다. 그래서 결국 공립학교에서 하나님과 성경과 기도를 가르치지 않고 도덕시간이 없어지는 것을 묵인하고 말았습니다. 그래서 그 대신 이제 공립학교에서는 인간이 원숭이의 후손이라고 가르치고 있습니다.

이 문제에 대한 교계의 염려가 증폭되어 충분히 무르익었을 때 교계는 무엇인가 방안을 찾아 실천에 옮겼습니다. 그렇게 시작된 것이 기독교학교 설립 운동이었습니다. 이 운동은 1970년대 말에 절정을 이루어 거의 매일 하나씩 기독교학교가 새로 문을 열었습니다. 오늘날에는 미국 방방곡곡 어디에서나 기독교 신자들은 그들 자녀들을 공립학교에 보내지 않고도 교육시킬 수 있는 대체 교육 시스템을 드디어 마련했습니다. 하나님을 찬양합시다!

전문 의료인들

하나님의 전인 우리 믿는 사람들의 신체뿐만 아니라 이 세상 사람들이 온통 전문 의료인들의 지배를 받고 있는 동안에 기독교인들은 나태하게 지내면서 그저 보고만 있었습니다.

기독교인이 병이 나면 의사나 병원으로 달려갑니다. 거기에서 행해지는 치료행위는 대개가 하나님의 방법에 완전히 배치되는 것들입니다. 기독교인들은 자기 몸을 화학약품에 중독시키고 방사치료로 몸을 상하게 했습니다. 또 수술을 통하여 인체의 병든 부위를 잘라내어 불구가 되게 했습니다.

환자가 완치되지 않거나, 혹은 죽거나 하면 "우리는 우리가 할 수 있는 최선을 다했습니다"라고 말하는 전문 의료인들의 정당방위를 우리는 받아들입니다. 그리고 그것은 "하나님의 뜻"이었다고 말하면서 정신적으로 합리화합니다.

이제야말로 전문 의료인들이 저지른 실패 행위가 반드시 하나님의 뜻은 아니라는 사실과 전문 의료인들이 반드시 할 수 있는 방법을 모두 다 해 본 것은 아니라는 사실을 우리 기독교인들이 바로 인식해야 할 때가 왔습니다.

히포크라테스

BC 5세기에 살았던 위대한 의성 히포크라테스는 "의학의 아버지"라고 불리어지고 있습니다. 그는 말하길 "진정한 인류애가 있는 곳에 치유가 일어난다"라고 말했습니다.

이 위대한 의사는 음식을 천연상태에 있었던 그대로 먹으라고 말했습니다. 익히지 않은 상태로 말입니다. 그는 다시 말하기를 "그대가 먹는 음식이 그대를 위한 약이 된다"라고 했으며 "약은 바로 음식이어야 한다"라고 가르쳤습니다.

오늘의 전문 의료인들은 그들의 선구자인 히포크라테스가 세운 원칙에서 너무 멀리 벗어나 있다는 말을 듣습니다.

기독교도들은 무엇을 해야 할까?

1. 시작하자

자신의 건강을 증진시키기 위하여 행동을 취하는 것이야말로 훌륭한 출발이 됩니다. 10장에서 보았던 천연법칙 속에는 최상의 건강을 경험할 수 있게 하는 요소들이 들어 있습니다.

2. 생각을 바꾸자

목사나 복음전도자, 선교사들을 포함하여 기독교인들은, 질병과 건강에 관한 한 사고방식을 전환시켜야 합니다. 우리는 현재 우리가 행하고 있는 식사법과 생활방식이 질병을 초래할 것인지 아니면 최상의 건강을 가져다 줄 것인지를 의심해 보기 시작해야 합니다. 만일 최상의 건강을 얻고자 한다면 새로운 사고에 대해 마음문을 활짝 여는 것이 절대로 필요합니다. 평생 지녀왔던 사고방식을 바꾸기는 쉽지 않습니다. 하나님께 도와 달라고 기도하십시오.

3. 배우자

우리 기독교인들은 우리 스스로 다시 배워야 합니다. 지적인 변화를 이룩하려면 지식이 절대로 필요합니다. 이를 위해 정말 훌륭한 서적들이 많이 있습니다. 소위 전문가라고 불리우는 사람들이 우리들에게 말하는 것을 마치 복음처럼 받아들이는 것을 중단하십시오. 질병이 없어지면 소위 "전문가"들이 할 일이 없어질 것이라는 사실을 잊지 마십시오.

4. 가르치자

교회에서 목사들과 주일학교 교사들은 설교할 때 '하나님의 전'인 우리 몸을 관리하는 방법을 그 내용에 포함시켜야 합니다. 인체를 관리할 수 있도록 기독교학교와 대학에서는 성경적 접근방법을 가르쳐야 하며 또한 학생들을 위한 교재도 개발해 나가야 합니다.

5. 관계법률을 바꾸자

미국 의사협회와 미국 영양사협회가 치유영역을 독점하고 있습니다. 암을 앓고 있는 아이의 부모가 아이에게 독한 약물 투여를 거부하고, 치료로 태우거나 아이의 몸이 절단되는 것을 거부하면 아이를 부모에게서 떼내어 데리고 가도 법에 어긋나지 않습니다. 현재 ADA(미국 영양사협회)는 자신들이 아닌 다른 분야 사람들이 영양상담을 해주지 못하도록 장악하려고 노력하고 있습니다. 그것은 법적으로도 금하고 있기 때문입니다. 심지어 그들은 교회에서 가르치는 건강 식사법마저도 못가르치게 막으려고 하고 있습니다. 말일 여러분이 그들 엘리트 단체에 소속된 회원이 아니면서 만약 환자에게 충고를 하면 그것은 현행법상 불법을 행하는 것이 됩니다. 환자들에게 독한 약물을 투여하고, 방사선으로 태우고, 환자의 신체를 절단할 수 있도록 의사들에게 법이 허용하고 있습니다. 심지어는 이런 노력 자체가 원인이 되어 환자가 죽게 되더라도 법적으로 문제가 안 됩니다.

여러분이 살고 있는 주의 법은 어떻게 되어 있는지 한번 알아보십시오. 상하원 의원들에게 여러분이 가지고 있는 관심사에 대하여 편지를 쓰십시오. 그들에게 이 책을 한 권씩 보내십시오. 만약 미국인들이 약물투여 화학요법이나 방사선 치료, 수술 등을 받는 대신에 대체의료법으로 치료를 받고 싶으면 현행법 하에서는 외국으로 갈 수밖에 없습니다. 이런 법들은 반드시 바뀌어야 합니다.

6. 병원을 세우자

교회에서 운영하는 자체 요양 시설을 만들어야 합니다. 거기에서 육체적 질병을 앓고 있는 교인들이 하나님의 가르침과 일치하는 치료법을 제공받을 수 있어야 합니다. 기독교학교 설립운동이 나라 전체에 퍼져나가자 각 교회에서 그들이 운영하는 학교의 문을 열게 되었던 것처럼 교회 요양원 설립운동도 벌여나가야 할 것입니다.

7. 전문가를 확보하자

이들 교회요양원의 요원들은 천연치유법을 배운 영양학을 아는 의사들과 간호사들로 이루어져야 합니다. 기독교대학에 이러한 강좌가 개설되어야 하고 학위도 주어져야 합니다.

8. 의료보험을 확보하자

보험업계는 대체요법들도 치료법으로 받아들여야 합니다. 그리하면 보험업계에서는 막대한 비용을 절감할 수가 있을 것이며 이에 따라 국민들은 보다 낮은 보험료를 내도 될 것입니다.

9. 유기 농산물을 먹자

기독교인들은 자신들이 주로 다니는 식료품점이나 상점에 무공해로 재배된 농산물만을 취급하라고 요구하기 시작해야 합니다. 만약 미국에서 수백만 명이 이러한 요구를 하기 시작하면 식품업계에 가해진 압력 때문에 그러한 요구가 현실화될 수도 있을 것입니다. 이미 캘리포니아 주 등 몇 개의 주에서는 유기농법으로 재배한 농산물을 전문적으로 취급하는 식품점이 등장했습니다. 독일에도 이런 슈퍼마켓 체인이 있습니다.

10. 직접 재배하자

아주 조그마한 땅이라도 가진 모든 기독교인들은 그 땅을 밭으로 만들어 볼 만합니다. 200평방 피트(6평정도)만 가지고 있으면 6개월 간의 재배로 보통 미국인 한 사람이 1년간 먹을 수 있는 채소를 생산할 수가 있다고 합니다. 대단히 놀라운 일이지만 사실입니다. 교회와 학교에서 유기농법에 대하여 가르쳐야 합니다. 우리들은 땅으로 되돌아가 원래 하나님이 의도하신 대로 우리들의 먹거리를 재배해야 합니다. 실내에서 나물을 키우면 일년 내내 유기농을 지속할 수가 있고 일반 가정의 부엌 창가가 실내 전답 노릇을 하게 될 것입니다.

11. 유기 농장을 세우자

자신의 먹거리를 재배하지 못하는 분들을 위하여 모든 미국 도시의 인근지역에 유기 농산물을 재배하는 유기 농장을 경영할 수 있는 선구자들이 들어서야 합니다. 추운 곳에서는 그린하우스를 이용하여 일년 내내 필요한 먹거리를 생산할 수 있게 해야 합니다. 생산비가 올라가겠지만 그것은 음식 같지 않은 식품에 들어가던 돈과 의료비의 절감으로 상쇄가 될 수 있을 것입니다.

12. 우리 몸을 올바르게 관리하고자 하는 지식을 갖자

우리는 우리의 가족과 친구들 그리고 우리의 이웃들과 같이 책임과 열정을 나누어야 합니다. 이 책이 그들 손에 쥐어지면 대단히 중요한 도구가 될 것입니다. 특히 이 책과 지식이 목사님이나 전도사, 선교사, 기독교학교 지도자, 기타 교계의 지도자들에게 전해져야 합니다. 그들은 대중들에게 영향력이 큰 사람들입니다.

결론의 몇 마디 말씀

현재 우리들이 먹고 있는 음식과 살아가는 생활 방식은 이 위대한 나라 국민의 건강과 활력을 서서히 파먹어가고 있습니다. 우리 기독교사회도 거기에 포함이 됩니다. 여러 형태의 질병들이 우리가 가진 체력과 시간과 돈과 정서의 크고 많은 부분을 점점 소비시켜 가고 있습니다.

왜 이러한 일이 일어나고 있습니까? 우리들이 건강과 영양, 그리고 우리 몸을 관리하는 길을 잘못 선택했기 때문입니다.

"좁은 문으로 들어가라 멸망으로 인도하는 문은 크고 그 길이 넓어 그리로 들어가는 자가 많고 생명으로 인도하는 문은 좁고 길이 협착하여 찾는 이가 적음이니라."(마 7:13-14).

아픔과 질병, 그리고 때 이른 죽음으로 이르는 길을 계속 따라 내려갈 필요는 없습니다. 우리들이 생활방식을 바꾸고, 나쁜 방법을 버리고, 하나님께서 마련한 천연법칙을 따라가면 창조자께서 우리들의 몫으로 정해두신 큰 건강의 기막힌 축복을 누릴 수가 있습니다.

우리는 생명을 파괴하는 음식을 거부해야 합니다. 우리는 우리 몸을 좀먹어 가는 습성을 버려야 합니다. 우리는 더 이상 그들과 함께하기를 거부해야 합니다. 모든 낡은 것들을 버리고 식사법과 생활방식에 관련된 모든 것들이 새로워져야 합니다.

우리들의 육체인 "하나님의 전"을 보살피는 방법은 오직 한 가지입니다. 그것은 "하나님의 방법"을 따르는 것입니다. 하나님의 방법들은 완전합니다. 그의 방법들을 따르면 최고의 건강을 얻게 되어 행복하고 장수하게 됩니다. 이 진리가 그대의 몫이 되게 하십시오.

"사랑하는 자여 네 영혼이 잘됨같이 네가 범사에 잘되고 강건하기를 내가 간구하노라"(요삼 1:2).

이것이 바로 독자들을 위한 나의 기도입니다. 하나님의 은총이 독자들에게 충만하시기를 바랍니다.

"내가 생명과 사망과 복과 저주를 네 앞에 두었은즉 너와 네 자손이 살기 위하여 생명을 택하고"(신 30:19).

"엘리야가 모든 백성에게 가까이 나아가 이르되 너희가 어느 때까지 두 사이에서 머뭇머뭇하려느냐 여호와가 하나님이면 그를 좇고…"(왕상 18:21).

마무리

"여호와께서 우리를 위하여
대사를 행하셨으니 우리는 기쁘도다"

(시 126:3)

Chapter 12

Chapter
12

　하나님은 나에게 정말 좋으신 분이셨습니다. 내가 23세가 되었을 때 그분은 내가 구원으로 가는 길을 보여 주셨습니다. 나는 그분의 뜻을 받아들여서 나의 마음에 예수님을 구주로 모셨습니다. 그 전까지 23년 동안 나는 하나님을 모르고 살아왔습니다. 그러나 1957년 5월 29일에 하나님은 나의 구원자가 되셨습니다.

　그와 거의 동시에 나는 다른 사람들이 예수님을 모르는 것을 염려한 나머지 그들에게 예수님에 관하여 전하기 시작했습니다. 얼마 지나지 않아 나는 목사가 되기 위해 신학교에 들어갔습니다.

　하나님은 내가 여러 해 동안 목사로서 짜릿하고 잊지 못할 일들을 많이 경험하도록 해 주셨습니다. 4개의 교회에서 목회생활을 했고, 2개의 새로운 교회를 개척했습니다. 신학교 하나와 성경학교 하나를 창립했습니다. 15년 동안 "미국에는 주님이 필요하다"라는 라디오 방송 프로그램을 통하여 방송선교도 했습니다. 하나님께서는 제게 많은 일을 하게 해 주셨습니다.

그러나 가장 기쁘고 흥분되었던 기억들은 역시 예수님을 불신자들에게 알리는 것이었습니다. 많은 사람들이 개인적으로 예수님을 알게 되어 놀랍게 변화되었습니다. 그렇게 몇 년을 지내면서 정열과 헌신을 좀 줄여서 서서히 하라는 충고를 들을 때마다 나는 자주 "정열로 타버리는 것이 녹슬어 버리는 것보다 훨씬 낫다"라고 말하고는 했습니다.

그러나 42살이 되었을 때 내 자신이 탈진해 버리기 직전에 달했다는 것을 알았습니다. 대장암의 예후는 그리 즐거운 것이 못되었습니다. 그때 나는 그것이 나에게 주신 "하나님의 뜻"으로 받아들일 수가 없었습니다. 그래서 그 대답을 찾기 시작했습니다. 제1장에서 당시의 체험에 대하여 약간 밝힌 바가 있습니다.

어떤 기독교인들은 이 책에서 내가 육체에 관하여 강조해온 점에 대하여 의문을 가질는지도 모르겠습니다. 그러나 나는 진심으로 믿습니다. 주께서 이 책의 내용을 나에게 보여 주셨고 나로 하여금 몸이 바로 하나님의 전이라는 사역을 담당케 해 주셨다고 믿고 있습니다.

사람들이 죽음을 준비하도록 도와주는 수많은 목사들이 계십니다. 그러나 사람들에게 어떻게 살아가야 하는지를 가르치시는 분은 몇 명이나 됩니까? 얼마나 많은 분들이 어떻게 하면 극도로 건강한 삶과 행복이 충만한 삶을 누릴 수 있는지를 가르쳐서 넘치는 에너지로 예수님을 증거하고 건강하게 살아 남아서 복음을 전할 수 있게 하고 있습니까?

예견되는 결과에 대하여

교우 여러분, 이 책에서 소개하고 있는 가르침들이 온 세상에 받아들여지면 어떠한 잠재 효과들이 나타날지 아십니까?

1. 선교사, 목사, 전도사들과 그들의 가족들이 질병 때문에 자신들의 사역현장을 떠나지 않아도 됩니다. 그리고 그들의 죽음 때문에 그들의 사역이 일찍 끝나지 않아도 됩니다.

2. 비싼 진료비, 병원 입원비, 약값들의 청구서가 사라질 것입니다. 사실상 의사나 병원은 사고로 입은 부상을 치료할 때에나 필요하게 될 것입니다.

3. 그렇게 되면 질병이 발생하지 않을 것이므로 병문안을 하러 병원을 찾는 것이 과거지사가 되어 버릴 것입니다. 장례식은 노인들이 늙어서 사망했을 때에나 또는 사고사가 생겼을 때에만 치러지게 될 것입니다.

4. 결과적으로 노인을 위한 사설 양로 병원마저 거의 필요없게 될 것입니다. 왜냐하면 사망할 때까지 노인들 스스로가 자신

을 돌볼 수 있게 될 것이기 때문입니다.

5. 강단을 통해서 혹은 선교활동을 통해서 적절한 영양지식과 생활방식을 가르치면 세상에 있는 모든 기아문제는 극복될 수 있을 것입니다.

6. 많은 선교단체에서 의료선교를 단지 제3세계 사람들에게 육체적으로 도움을 주기 위해서만 사용하는 것이 아니라 그들에게 복음을 전하기 위한 방편으로도 사용하고 있습니다. "하나님의 성전" 선교를 통해서 예수님을 소개받을 민중들을 한번 생각해 보시기 바랍니다. 그 사람들을 건강하게 만들 뿐만이 아니라 건강을 유지하여 병에 들지 않게 하니 얼마나 좋은 일입니까? 선교에서 한꺼번에 두 가지를 할 수가 있습니다. 즉 사람들에게 살아가는 방법을 가르침과 동시에 그들에게 영생을 가르쳐 준비시켜 주게 됩니다.

나의 개인적인 선서

나의 생애 중 지나간 20여 년 동안 나는 "기독교인이 왜 병에 걸리는가?"를 가르쳐 주시라고 하나님께 끊임없이 기도해 왔습니다. 주님은 내 기도를 들어 주셨습니다. 주님은 내게 기독교인들이 어떻게 하면 병에 걸리지 않고 건강한 생활을 할 수 있는지를 가르쳐 주셨습니다.

주께서 나의 눈을 뜨게 하실 때마다, 건강에 대한 주님의 천연법칙을 알려 주실 때마다 나는 이렇게 깨달아 안 지식을 다른 사람들과 나누어 가지고 싶어졌습니다.

수년 전 당시 미국 기독교학교 연합회의 회장이시던 앨 재니 박사는 나에게 플로리다 주의 센터힐 시에 요양원을 세우고 병든 목회자들, 교회전도사들, 선교사들, 그리고 기독교 지도자들이 대체 건강치료를 받을 수 있도록 하지 않겠느냐고 물어 오셨습니다.

재니 박사는 사명감과 장소는 가지고 계셨으나 이를 추진할 만한 재정 능력은 없으셨습니다. 그는 다른 목사들에게 그의 계획을 선교구제 활동으로 지원해 주도록 갖은 애를 썼으나 그의 계획은 호응을 얻지 못하고 그 사업은 사장되었습니다.

바로 그때 나는 이 사역이 현실화되려면 건강에 관한 하나님의 천연법칙과 이 사역의 필요성을 여러 사람들이 인식하도록 해야 되겠다는 것을 깨닫게 되었습니다.

그래서 지난 몇 년에 걸쳐서 나는 이 책을 집필해 왔습니다. 동시에 나 자신이 남을 도울 수 있는 위치에 처할 수 있도록 애써 왔습니다. 나는 책을 쓰고, 테이프를 만들고, 강의를 하고 세미나를 열며, 상품들을 평가하고, 유기농법으로 재배하는 밭과 과수원을 만들어 보여 주고, 음식 만드는 법과 저장하는 법을 이론적으로 가르치고 실제로 모범을 보여 주었습니다. 이것이 내가 남들을 도울 수 있는 최상의 방법으로 느껴졌던 것입니다.

수년 간의 피땀흘린 투쟁 끝에 테네시 주의 북동쪽에 산간지 50 에이커를 마련하여 정착하게 되었습니다. 여기에는 순수한 공기가 있고, 화학성분이 없는 토양, 풍부한 샘물, 평화로운 환경, 유기농법으로 기르는 밭들과 과수원들이 있습니다. 이곳을 "할렐루야 에이커스"라고 이름지었습니다. 이곳은 하나님이 천지를 창조하실 때 만드셨던 아름다움이 풍부하게 증거되어지는 곳입니다.

나의 목표는 "할렐루야 에이커스"를 현대판 "에덴 동산"으로 만드는 것입니다. 그리고 거기에서 치유와 건강에 대한 하나님의 천연법칙이 전 세계 모든 기독교인들에게 흘러 퍼지게 하는 것입니다.

그리고 먼저 목회자들, 전도사, 선교사 그리고 교계 지도자들을 "할렐루야 에이커스"에 모셔서 세미나를 열 것입니다. 그리하여 하나님께서 의도하신 대로 농작물을 재배하는 방법과 보관하고 조리하는 방법을 배울 수 있도록 할 것입니다. 교계 지도자들이 여기에서 영양과 인체의 적절한 관리법을 배워서 그들이 영향을 미칠 수 있는 곳으로 돌아가 여기에서 얻은 지식을 다른 분들에게 나누어 줄 수가 있도록 하고 싶습니다.

미국 국민들과 특히 기독교인들이 질병, 건강과 영양 등을 다루는 기존의 방법에서 완전히 벗어나기를 원하고 있다고 나는 개인적으로 믿습니다. 그들은 누군가가 그들에게 보다 나은 방법을 제시해 주기를 기다리고 있다고 믿습니다.

나는 이 일이 실현되기를 원하며 기꺼이 그 소임을 맡기를 원합니다. 나도 또 그렇게 할 수 있는 준비가 되어 있기도 합니다. 여러분이 나를 도와 주시지 않겠습니까? 나 혼자서는 그 일을 감당해낼 수가 없습니다. 할 일은 태산같지만, 잠재적 보상은 믿어지지 않을 정도로 클 것입니다.

독자들 중에서 도움 주실 의향이 있는 분이 계시면 나에게 편지를 주십시오. 단지 기도로 나를 지원하겠다는 편지만으로도 나에게 용기를 줄 것이고 나는 그것을 감사할 것입니다.